D1386722

La Biche

et

la Bitch

Catalogage avant publication de Bibliothèque et Archives nationales
du Québec et Bibliothèque et Archives Canada

Bédard, Nicole, 1953-

    La Biche et la Bitch

    (Collection Croissance personnelle)

    ISBN 978-2-7640-2003-6

    1. Intimidation. 2. Relations entre femmes. 3. Femmes – Psychologie. I. Titre.
II. Collection : Collection Croissance personnelle.

BF637.B85B42 2012   302.34'3082   C2012-941579-0

Dépôt légal : 2012
Bibliothèque et Archives nationales du Québec

Pour en savoir davantage sur nos publications,
visitez notre site : **www.quebecoreditions.com**

Éditeur : Jacques Simard
Conception de la couverture : Bernard Langlois
Illustration de la couverture : Istockphoto
Conception graphique : Sandra Laforest
Infographie : Claude Bergeron

Imprimé au Canada

Gouvernement du Québec – Programme de crédit d'impôt pour l'édition
de livres – Gestion SODEC.

L'Éditeur bénéficie du soutien de la Société de développement des entre-
prises culturelles du Québec pour son programme d'édition.

Nous reconnaissons l'aide financière du gouvernement du Canada par
l'entremise du Fonds du livre du Canada pour nos activités d'édition.

DISTRIBUTEURS
EXCLUSIFS :

• Pour le Canada et les États-Unis :
MESSAGERIES ADP*
2315, rue de la Province
Longueuil, Québec J4G 1G4
Tél. : (450) 640-1237
Télécopieur : (450) 674-6237
* une division du Groupe Sogides inc.,
filiale du Groupe Livre Québecor Média inc.

• Pour la France et les autres pays :
INTERFORUM editis
Immeuble Paryseine, 3, Allée de la Seine
94854 Ivry CEDEX
Tél. : 33 (0) 4 49 59 11 56/91
Télécopieur : 33 (0) 1 49 59 11 33

**Service commande France
Métropolitaine**
Tél. : 33 (0) 2 38 32 71 00
Télécopieur : 33 (0) 2 38 32 71 28
Internet : www.interforum.fr

**Service commandes Export –
DOM-TOM**
Télécopieur : 33 (0) 2 38 32 78 86
Internet : www.interforum.fr
Courriel : cdes-export@interforum.fr

• Pour la Suisse :
INTERFORUM editis SUISSE
Case postale 69 – CH 1701 Fribourg
– Suisse
Tél. : 41 (0) 26 460 80 60
Télécopieur : 41 (0) 26 460 80 68
Internet : www.interforumsuisse.ch
Courriel : office@interforumsuisse.ch

Distributeur : OLF S.A.
ZI. 3, Corminboeuf
Case postale 1061 – CH 1701 Fribourg
– Suisse

Commandes : Tél. : 41 (0) 26 467 53 33
Télécopieur : 41 (0) 26 467 54 66
Internet : www.olf.ch
Courriel : information@olf.ch

• Pour la Belgique et le Luxembourg :
INTERFORUM BENELUX S.A.
Fond Jean-Pâques, 6
B-1348 Louvain-La-Neuve
Tél. : 00 32 10 42 03 20
Télécopieur : 00 32 10 41 20 24

NICOLE BÉDARD

La Biche

et

la Bitch

L'effet dévastateur de l'intimidation chez la femme

LES ÉDITIONS
Québecor
Une société de Québecor Média

La vie étant ce qu'elle est
et les gens étant ce qu'ils sont…

Introduction

De tout temps et en tout lieu, l'intimidation a toujours sévi. Cependant, la société actuelle semble plus consciente des impacts subis par les victimes. En effet, il est heureux de constater que des groupes mettent tout en œuvre pour dénoncer certaines conduites inappropriées. Le manque de respect est de moins en moins toléré et presque toutes les situations humiliantes sont automatiquement montrées du doigt.

Il faut savoir que les personnes ciblées par la Bitch « attitude » vivent bien plus qu'un simple malaise. Les blessures infligées ne se limitent pas qu'au physique. Ébranlé par tant de mesquinerie, l'être atteint devient vulnérable tant sur le plan émotif que psychologique. Ayant perdu son essence première, c'est-à-dire l'estime d'elle-même, il est normal que la victime ressente un vide profond. Vu sa grande fragilité, elle se retrouve dans l'impossibilité de réagir adéquatement. Pourtant, malgré l'acharnement de certains individus à imposer leur Bitch « attitude », il y a encore des gens qui ferment les yeux devant ce genre de comportement. Totalement indifférents à la chose, ils se défendent en alléguant que ce ne sont que des taquineries sans grande importance ni conséquences graves. Cela a pour effet de minimiser l'impact de ces influences néfastes et dévastatrices sur le plan social. Mais attendez de voir la réaction de ces personnes qui nient ce genre d'attitude quand un de leurs proches se fera écorcher « juste pour rire ». À ce moment-là, il y a fort à parier qu'elles changeront d'opinion.

Pour certaines personnes, tant que le type de situation ne les concerne pas de près, c'est comme si cela n'existait tout simplement pas.

Mais le jour où elles y sont rudement confrontées, leur avis n'est plus le même. Souvent, l'indifférence fait place à la colère et à la révolte. C'est ainsi qu'elles prennent conscience que la Bitch «attitude» n'a rien à voir avec le fait que des individus ne cherchent qu'à se divertir. Dans ces moments difficiles, les gens apprécient l'écoute accordée par les réseaux d'aide aux victimes. Cependant, il faut savoir faire la différence entre une forte hostilité et une simple mesquinerie. Il faut être en mesure de faire la part des choses avant de crier automatiquement au loup. Malheureusement, la Bitch «attitude» ne s'observe pas seulement à l'école ou au travail. Souvent, la violence verbale et physique est vécue en premier lieu à la maison. Il n'est pas rare que dans une famille dysfonctionnelle cohabitent l'humiliation, la disgrâce et la défiance. Ce n'est pas pour rien que les répercussions se font sentir en dehors du domicile.

La Bitch «attitude» n'est pas une manière d'être qui résulte exclusivement de frustrations accumulées. Il ne faut pas minimiser le fait que la société actuelle véhicule et encense l'esprit de compétition. Ce n'est pas seulement une société de consommation, la mentalité liée à la performance gagne aussi ses galons. Dans pratiquement tous les domaines, on fait miroiter à tout un chacun qu'il peut, s'il le veut, obtenir son moment de gloire. Comment voulez-vous qu'on fasse la sourde oreille à une invitation semblable? Il ne faut donc pas être surpris que la Bitch «attitude» cherche à faire sa place. C'est pourquoi la visibilité de ses exploits commence directement dans le milieu où elle sévit. Il ne faut surtout pas s'attendre à ce que les gens qui endossent cette attitude agissent dans les règles de l'art. Leurs gestes sont empreints d'un manque total de respect. La société évolue… pensez donc! La vie étant ce qu'elle est et les gens étant ce qu'ils sont…

La Biche et la Bitch

Incontestablement, il existe des femmes qui possèdent un petit quelque chose que d'autres ne détiennent pas. Et ce petit rien du tout… fait toute la différence ! Bien entendu, même si elles s'efforcent de préserver leur identité en camouflant leurs vraies intentions, celles-ci ne passent pas totalement inaperçues aux yeux des plus avertis. En fait, ces femmes ne sont rien de moins que des canailles en jupon ! Elles se permettent de manipuler les autres, souvent à outrance, en ne se gênant pas pour agir à leur propre convenance. Malheureusement, ce type de femmes ne manque pas de s'en donner à cœur joie pour dénigrer les autres et détruire leur réputation. Elles font partie de ces êtres que l'on préfère éviter. Mais il arrive qu'il soit déjà trop tard…

L'un des objectifs du présent ouvrage est de vous faire découvrir les traits de caractère et la personnalité de certaines femmes. Vous aurez ainsi la possibilité d'apprendre à distinguer ce qui les différencie les unes des autres. À partir de leurs comportements, de leurs besoins et de leurs attentes, vous serez à même de constater les ruses et les stratégies qui semblent convenir à chacune d'elles.

En tout premier lieu, il est impératif de discerner les traits de caractère de celle qui se présente comme la moins coriace d'entre toutes. C'est pourquoi, dans le premier chapitre, le comportement et les attitudes de la mignonne Biche vous seront dévoilés sous différents aspects. Par la suite, il vous sera possible de faire la comparaison avec sa doublure, la Fausse-Biche. Il est vrai qu'elles se ressemblent sur certains points, mais à y regarder de plus près… Si la première fait preuve d'une authenticité déconcertante, en ce qui regarde sa copie, c'est tout autre chose !

Nous avons tous, un jour ou l'autre, côtoyé une femme qui s'apparentait par sa conduite et ses réactions à une jeune enfant. Cette femme-enfant, dénommée la Biche, a pour avantage de se présenter comme peu menaçante. Douce et malléable, elle est de nature insouciante. Ce qui n'est pas le cas de la Fausse-Biche. Cette dernière fait de son mieux pour être conforme à l'image de l'autre. Néanmoins, en raison de quelques-uns de ses travers, il advient des ratés. Ceux qui ont la possibilité de les côtoyer toutes les deux sont en mesure de dire que chacune possède des traits de caractère qui lui sont bien personnels. De ce fait, il paraît intéressant de faire la part des choses concernant leur philosophie de vie et leurs attentes par rapport à celle-ci.

Une section complète du même chapitre est ensuite consacrée à la Bitch. On peut dire sans hésitation et sans aucun doute que c'est elle qui « se veut » la plus dévastatrice. Certains pensent qu'être Bitch est chose facile, mais c'est loin d'être évident. Pour ceux qui abondent dans ce sens, attendez de lire les pages la concernant. Sans contredit, des surprises vous attendent ! En rapport avec son comportement, j'ai cru valable et approprié d'incorporer ce que l'on nomme la Bitch « attitude ». Certaines endossent cette façon d'agir, cherchant ainsi à se bâtir une réputation. Mais la femme qui adopte cette attitude n'équivaut en rien à une vraie de vraie Bitch ! Malgré le fait que celle-ci ne donne pas sa place, il existe bel et bien une Fausse-Bitch. Aussi surprenant que cela puisse paraître et indépendamment de l'image que cette dernière projette, elle gagne à être connue. Difficile à concevoir, n'est-ce pas ? Vous découvrirez donc comment certaines femmes s'approprient le titre de Bitch, pendant que d'autres cherchent à les égaler, même s'il est clair qu'elles n'y parviendront jamais.

Une fois que les traits de caractère et la personnalité de ces femmes auront été décrits en détail, le chapitre deux s'attardera à comparer entre eux les différents types existants, par exemple la Biche et la Fausse-Bitch, de manière à faire ressortir ce qui les distingue, mais également ce qu'elles ont en commun sur certains aspects. Dans le chapitre suivant, vous apprendrez comment vous défaire de ces indésirables. Vous y découvrirez des suggestions, mais également les résultats possibles de chacune afin que vous soyez à même de choisir la plus efficace et la plus adaptée. Enfin, le dernier chapitre vous expliquera comment réagir à leur caractère et à leur personnalité selon le type de personne que vous êtes, par exemple sensitive ou rationnelle, et selon les traits de caractère qui vous définissent.

CHAPITRE 1

Biche, Bitch et compagnie

La Biche

L(a Biche)a le don de s'émerveiller facilement, ce qui lui confère (une personnalité agréable.) La majorité des gens la considèrent comme sympathique ; il s'en trouve pourtant qui possèdent un point de vue différent. En effet, certains la perçoivent comme insouciante et de nature plutôt maladroite. Ils se montrent même découragés par ses erreurs, pour ne pas dire ses frasques. Il est vrai que, vu son manque de sérieux, on croirait être en présence d'une gamine qui joue à la princesse. Comme la Biche a l'habitude d'avoir la tête dans les nuages, il est normal pour elle que son monde de rêves soit directement lié à un univers féerique. Ses pensées éparpillées au gré du vent, elle fait bien souvent preuve d'un manque de concentration.

En fait, sa vie se résume à s'amuser en prenant du plaisir avec les gens qui possèdent le même genre d'attentes qu'elle. À n'en pas douter, son absence de jugement et de discernement se présente comme sa principale faiblesse. (Cette incapacité de planifier et d'évaluer convenablement l'impact de ses gestes démontre une certaine immaturité.)

Concernant de nouvelles perspectives, malgré le soutien de personnes attentives, la Biche refuse de s'impliquer. On ne sait pour quelle raison, elle s'éloigne toujours des projets qui sont à sa portée. Déçus, les gens qui l'entourent finissent par se rendre compte que tout ce qui l'intéresse vraiment, c'est de continuer à rêver. La raison première de son manque de motivation est l'absence d'ambition personnelle. La Biche préfère s'accrocher à une forme de pensée magique. Elle semble favoriser le «on ne sait jamais…». En conséquence, il n'est pas rare de la voir endosser un rôle passif par rapport à sa vie ; pourtant, c'est la sienne! C'est à croire qu'elle joue à cache-cache avec l'existence, voulant ainsi protéger ses illusions. À l'image de la Belle au bois dormant, elle cherche tout simplement à endormir la moindre de ses déceptions.

Bien entendu, en réagissant de la sorte, elle se prive d'un certain réalisme. C'est pourquoi il est important que ce genre de personne se retrouve dans un contexte pragmatique. Sans nul doute, un encadrement adéquat l'aide à contrer quelques-unes de ses ambivalences. Être entourée de gens rationnels a pour effet de la rassurer. Néanmoins, la Biche ne s'empêchera jamais de regarder vers des lieux où son imaginaire peut s'en donner à cœur joie!

Devant la vie, elle a pour habitude de prendre une position de repli. Il lui arrive même plus souvent qu'à son tour d'endosser le rôle de victime. Selon les circonstances, celle-ci prend un air accablé, désœuvré. En la voyant ainsi mélancolique, il se trouve toujours quelqu'un pour lui accorder de l'attention. Mais pour ceux qui sont irrités par son comportement répétitif, il n'est pas question de répondre à ses soupirs… à moins que ce ne soit des soupirants!

En raison de son manque flagrant de confiance en elle, la Biche s'arrange pour fuir les confrontations. Elle se défile en se taisant ou en revêtant sa soi-disant tristesse, pauvre petite Biche/.. Si elle fait ainsi de l'évitement, c'est qu'elle n'a pas suffisamment de cran pour dire ce qu'elle pense réellement. Elle préfère agir en fonction des autres. Elle laisse ainsi la place – et bien souvent *sa* place – sans dire un mot

Manque-t-elle de panache en démontrant une telle forme d'abnégation? Le fait qu'elle ne réagisse pas adéquatement en n'affirmant pas ses convictions illustre une lacune en ce qui a trait à la prise de conscience de ses vraies valeurs. Puisqu'elle est dans l'impossibilité de définir ses propres intérêts, il est normal que la Biche se montre ambivalente devant des choix personnels. Ce qui est pour le moins surprenant, c'est que l'ensemble de ses amies est en mesure de la décrire quand elle-même en est incapable!

Constamment en face d'un dilemme, ne s'affirmant pas devant des choix appropriés à ses besoins, elle aggrave sa situation. Se montrant attentive aux besoins des autres, mais sans respecter les siens, elle finit par renoncer à son identité personnelle. Est-ce valable d'agir de la sorte? C'est plutôt décevant de la voir se renier. Il faut croire que ce n'est pas son genre de s'assumer, et encore moins de s'affirmer. En fait, la Biche n'en ressent tout simplement pas le besoin. Les mots « liberté » et «autonomie » n'ont pas un sens important à ses yeux. Elle préfère être dépendante, balayant toute forme d'indépendance. C'est drôle à dire, mais c'est la réalité: *sa* réalité!

Cependant, malgré le fait qu'elle paraisse accepter tout d'emblée en cédant facilement aux demandes de tout un chacun, il n'est pas rare qu'elle regrette d'avoir dit oui trop vite. Mais le mal étant déjà fait, elle en paie le prix! Pourtant, son seul désir était de plaire en achetant la paix, la sainte paix! Elle n'a pas réfléchi aux conséquences possibles, et cela a fini par lui jouer un vilain tour. Ainsi, dans certaines circonstances, la Biche se retrouve sans l'avoir désiré au centre de polémiques. C'est alors qu'elle se rebute en prenant une attitude de victime, n'en finissant plus de s'excuser pour des riens, se sentant coupable de tout sans trop savoir comment et pourquoi. C'est à croire qu'elle ne possède aucun sens critique!

(Dans de telles situations, elle pense que son seul recours est de s'effondrer, attendant qu'une personne se manifeste pour lui porter secours.) Quelquefois, le destin paraît lui donner raison, car il advient qu'un individu se présente. Celui-ci cherche à aider la Biche à sortir de sa coquille. Il se dévoue, se donnant comme mandat de la « cultiver » : des fois qu'elle se révélerait une perle rare ! Pour reprendre l'expression préférée de celle-ci, « on ne sait jamais… ».

Dans un contexte de travail, la Biche a pour habitude de postuler un emploi subordonné. Hésitante et indécise, elle préfère s'en remettre au soutien des professionnels qui l'entourent. Cela l'aide à trouver ses repères. Il est clair qu'elle a besoin d'être encadrée puisqu'elle manque d'initiative. Comme le discernement lui fait défaut, il est normal que les gens expriment leur insatisfaction à l'égard de son rendement. Mais en raison de sa grande susceptibilité, il est difficile d'aborder de front et sans détour la question de son efficacité. Toute personne qui se révèle le moindrement brusque envers elle distinguera aussitôt un changement d'attitude de sa part. Trop émotive, elle est du genre à redouter la critique ; même de simples remarques l'affectent. À la moindre flammèche, elle donne l'impression de se consumer totalement.

Pas très douée pour réagir avec maturité, elle n'est pas en mesure de répondre convenablement. Comme il est facile de l'ébranler, il n'est pas surprenant qu'elle soit incapable d'assumer ses erreurs. Sans contredit, la Biche n'a pas d'autre possibilité que de reprendre son rôle préféré, celui de victime. Le moyen dont elle se sert pour montrer son malaise est de bouder dans son coin. Il est important de savoir qu'au travail la Biche se montre vulnérable à tout changement de climat.

Dans l'ensemble, ce qui ressort de sa réaction, c'est qu'au moindre obstacle, à la moindre embûche, elle abandonne. Peu ambitieuse, elle n'aime pas être mise à l'épreuve. Cela ne paraît pas la déranger de penser davantage au plaisir que lui procurent ses divertissements. Il est rare qu'elle sente le besoin d'exploiter ses capacités en prenant de grandes responsabilités. Elle se dit que celles qui lui incombent sont des défis insurmontables. Heureusement pour la Biche, pendant que certains souhaitent son départ, il y en a toujours qui sont prêts à l'excuser et à lui pardonner. Il arrive qu'elle soit protégée… jusqu'à une prochaine fois !

C'est pourquoi l'accomplissement de son potentiel est souvent remis à plus tard, beaucoup plus tard ! Ce qui surprend dans son attitude, c'est qu'elle ne s'efforce d'aucune manière de cacher ses manques et ses faiblesses. Indépendamment de ses écarts de conduite, elle espère toujours que l'environnement sera indulgent envers elle. Elle est tellement gentille, comment pourrait-on… ?

Pourtant, il advient que des individus finissent par avoir des soupçons sur son apparente vulnérabilité. Profite-t-elle du fait qu'elle se retrouve facilement démunie devant les imprévus de la vie pour se faire aider ? C'est à croire que la Biche se sert des autres pour alléger la moindre de ses tâches. Comme elle fait rarement preuve de caractère, il est évident que la moindre besogne à accomplir semble au-dessus de ses capacités. La voir vivre d'illusions plutôt que de s'investir dans des projets concrets nous amène à douter de sa fiabilité.

Mais il est important de savoir que, au moment où elle consent à s'impliquer, elle se veut honnête et sincère. Cependant, ce qui change la donne en cours de route, c'est sa grande émotivité. Cet aspect a pour effet de la rendre influençable et surtout instable. Alors, quand elle mentionne qu'elle est prête à s'investir, il faut s'attendre qu'à la moindre occasion elle accorde la priorité à ses loisirs, et non à ses engagements. D'un côté, la Biche semble transparente et dégage une certaine droiture. Toutefois, l'envers de la médaille nous laisse découvrir combien elle est naïve et vulnérable. Il est dommage que du revers de la main elle balaie trop rapidement des objectifs pourtant réalisables. Elle préfère tout au long de sa vie jeter l'éponge, cela lui paraît plus facile. Pourtant, elle ne gagne jamais de prime… mais plutôt une déprime. Cherchant la facilité, elle refuse de voir son manque. « Ce n'est pas ma faute… » : voilà sa porte de sortie ! C'est ainsi que la Biche se retrouve prisonnière de ses propres limites.

Au premier abord, tout le monde l'apprécie. Par son comportement plaisant, elle fait l'unanimité, puisqu'elle s'accommode d'un « tout le monde est beau, tout le monde est gentil ». Vous ne l'entendrez jamais parler contre quelqu'un. Bien au contraire, pour sauvegarder l'harmonie, elle trouvera des excuses à la personne persécutée. Se faire ami avec une gentille Biche peut se révéler agréable, mais pas dans n'importe quel contexte, et pas à n'importe quel prix ! Attention, car toute personne qui se trouve dans son entourage peut être perçue comme une bouée de sauvetage !

Orgueilleuse, la Biche aime bien se voir complimenter. La moindre petite attention que les gens lui portent a pour effet de la sécuriser. Toute forme de bienveillance la touche grandement et lui redonne confiance. Comme une enfant, elle cherche à percevoir le reflet de sa gentillesse dans le regard des autres. L'image qu'on lui renvoie d'elle-même la flatte et la valorise. « Douce comme du satin, bonne comme du bon pain. » Elle veut tellement être admirée et devenir admirable ! C'est pourquoi elle cherche à tout prix l'approbation de l'environnement. Pour ce faire, la Biche a pour habitude de divulguer volontiers des informations sur sa vie privée.

Faisant preuve de manque de jugement, elle se présente avec son auréole de naïveté. Ne prenant pas le temps d'évaluer les gens ni le contexte, elle s'offre comme une proie facile. Se mettant à l'avant-scène, inconsciente des manipulateurs, elle en subit les conséquences. Ce qui n'a rien pour déplaire aux prédateurs. De par son comportement social, il n'est pas surprenant qu'il lui arrive d'être exploitée par certains individus malintentionnés. Elle a l'habitude de tomber dans des pièges qui sont pourtant faciles à détecter. C'est à croire qu'elle le fait exprès pour se saboter elle-même! Sa conduite finit par lui nuire. La Biche doit apprendre à se protéger davantage, mais la maturité ne s'acquiert pas en un jour.

Concernant le côté affectif, la Biche cherche à plaire plus qu'à séduire. C'est pourquoi elle n'est pas du style à se donner une allure trop sexy. Elle se maquille légèrement, sans faire preuve de trop d'originalité dans son choix d'habillement et de coiffure. On peut affirmer que la personnalité de la Biche allie le charme, la fragilité et l'innocence. Son sourire est accrocheur et souvent accompagné d'une irrésistible petite moue. Il ne faut pas oublier ses légers battements de cils quand elle baisse les yeux. Toutes ces manifestations dégagent un semblant de retenue : rien de plus mignon!

Lors d'une nouvelle rencontre, au premier abord, elle se montre intimidée sur le plan affectif. Mais, d'un naturel transparent, la Biche se laisse vite apprivoiser. Les hommes s'attendrissent devant son air fragile et son côté gamine. Ce qu'elle désire par-dessus tout, c'est de se voir flattée comme un gentil chaton en échange de petits câlins. Au fond, ce qu'elle cherche, c'est qu'on se préoccupe de sa petite personne. Elle s'attend à de la galanterie et à de la courtoisie de la part de son partenaire. Elle a besoin d'être constamment rassurée sur les sentiments que son amoureux ressent à son égard. Cela est dû principalement à son manque d'estime d'elle-même. Ce qui convient tout à fait à la Biche, c'est l'amour de type romantique. Si celui-ci s'apparente au genre fusionnel, c'est encore mieux!

Sa dépendance affective semble comporter certains avantages. Être le centre d'attention d'un homme, elle n'attend que ça! Construire une vie à la convenance de madame devient le lot de monsieur! Comme elle rêve d'une existence sans embûches, vivant ainsi par procuration, il est normal qu'elle idéalise tout nouveau venu. « Et si c'était lui? On ne sait jamais… » Vous comprendrez que c'est une adepte des romans à l'eau de rose et des films cousus de fil blanc. Cela contribue à la faire rêver. « Et si c'était lui? … »

Son intérêt est donc de plaire, cela fait partie de ses préoccupations. Elle désire ainsi attirer la bienveillance autour de sa personne. En fait, les autres lui servent d'essence première. C'est encore mieux quand une personne est prête à la prendre en charge. La Biche ne refuse aucune aide, car elle accorde la priorité à la dépendance, et encore davantage lorsqu'il s'agit d'interdépendance. Cela lui assure un lien de complicité beaucoup plus fort. Elle ne veut pas se sentir libre mais en sécurité. C'est le type de femme qui ne désire d'aucune manière s'affranchir de sa dépendance. Vivre par personne interposée lui convient à merveille. C'est pourquoi vous la verrez mandater quelqu'un d'autre pour sa destinée, sans retenue.

L'incapacité de s'assumer serait plus exacte comme raison de s'unir à l'autre. Pourtant, elle ne semble aucunement affectée par cette façon d'agir. Ce qui nous amène à penser que la Biche a très probablement un problème de dépendance affective. Du moins, ça y ressemble! Ce qui est sûr et certain, c'est qu'elle fait tout ce qu'elle peut pour s'accrocher à quelqu'un. De préférence, son choix se porte sur un sauveur ou un protecteur. C'est pourquoi, un jour ou l'autre, la Biche va attirer à elle un individu qui pourrait s'identifier à l'un d'eux. Si un homme choisit d'endosser correctement ce rôle, il devra venir au secours de cette pauvre petite Biche si démunie.

Au début, le sauveur se sent gratifié quand elle paraît reprendre confiance en ses capacités. Mais attention, car lorsque la Biche semble avoir trouvé *la* bonne personne pour garantir la réalisation de ses rêves, c'est à partir de ce moment que le vent tourne! Et ce n'est pas nécessairement dans la direction dans laquelle son homme avait dirigé les voiles. Comme par magie, elle ne ressent pas la moindre culpabilité à le manipuler. C'est ainsi que grâce à sa manière candide de l'utiliser, elle obtient un mode de vie plus valorisant à bien des égards.

La Biche sait comment capter l'attention de son bienfaiteur pour acquérir toujours mieux et davantage. C'est ainsi que celui-ci se retrouve à temps plein à son service. Au début, souvent témoin des étourderies de sa Biche, il interprète le tout comme de simples faux pas. Au bout du compte, la situation s'apparente à un défi constant pour le sauveur. Pourtant, il continue à épauler sa bien-aimée malgré le fait qu'elle n'en finisse plus de faire semblant de trébucher. En aucun temps ni d'aucune façon, le sauveur ne cherche à la bousculer. Malgré le respect qu'il lui porte, il souhaite la voir faire des gestes concrets face à ses responsabilités. De plus, il aimerait bien recevoir un peu de gratitude de sa part. Dommage, car ce n'est pas le genre de la Biche d'être reconnaissante.

Par la force des choses, le sauveur finit par se sentir utilisé. Arrive donc le moment où cet homme remet en question sa participation aux bonnes causes de sa requérante. Il commence même à se demander qui est la vraie victime. Quand il se retrouve devant l'évidence, il n'est plus intéressé à répondre à ses demandes. Lui qui croyait être le phare éclairant la route de sa dulcinée, ayant comme mandat de la mener à bon port, n'était en fait qu'une simple bouée de sauvetage. Vous voyez le topo? Celle-ci a su profiter de la situation, abdiquant devant toute forme de responsabilités. Son bienfaiteur n'a pas d'autre choix que de se retirer devant l'inertie de sa Biche.)

En fait, ce qui anéantit définitivement le sauveur, c'est de constater à quel point elle est loin d'être aussi innocente qu'elle le paraît. Malheureusement, il l'a appris à ses dépens, pire encore, avec son assentiment! Pourtant, quand vient le temps de comparer, la Biche préfère le type protecteur au sauveur. C'est tout à fait normal puisque, d'après ses dires, le premier est moins exigeant envers elle. Mais bien entendu, s'il n'y a pas de protecteur à portée de la main, un sauveur fera tout de même l'affaire!

En compagnie d'un protecteur, la Biche ne sent pas le besoin d'aller de l'avant. Elle n'a qu'à suivre le courant tout doucement. Une fois de plus, tant que le protecteur se montre disponible et disposé à lui fournir la sécurité émotive et le confort physique, tout va pour le mieux. Cet homme se révèle rassurant puisqu'il ne paraît rien exiger de sa part à elle. Il est vrai que le protecteur la couve, l'excuse, et puis quoi encore? Rien de plus merveilleux pour la Biche puisque son gardien endosse toutes les responsabilités en prenant toutes les décisions.(Il advient fréquemment que ce type de relation tienne le coup pendant très longtemps.)Du moment que les « privilèges » accordés par son défenseur sont encensés, alors tout va bien! Toutefois, la Biche ne doit jamais oublier d'attribuer tous les mérites à son protecteur, sans quoi)...

Il faut savoir qu'il n'y a pas que le sauveur et le protecteur qui s'intéressent à la Biche.(Attiré par sa douceur et son allure fragile, un soi-disant prince charmant peut tenter de la séduire. Voyant la possibilité de lui en jeter plein la vue, il en profite pour lui tenir de beaux discours. N'en déplaise à la gentille dame, le gentil prince cherche à vanter ses mérites et à flatter ses atours! «Et si c'était lui? On ne sait jamais...» Ainsi, le rêve et les belles promesses deviennent l'axe qui les unit tous les deux. Leur romance, illusion parfaite, les enchaîne l'un à l'autre. Leur passion les enflamme, mais elle finira par les brûler à petit feu.

L'union de ces deux êtres immatures est vouée à un échec assuré. En raison de leur manque d'équilibre émotif et affectif, cette alliance s'annonce comme une suite d'intempéries et de tourmentes. L'instabilité de leur humeur et leur degré d'inconscience les conduiront tout droit vers la catastrophe. Incapables l'un comme l'autre d'assumer la moindre part de responsabilité, ils iront ainsi à la dérive. Alors, le prince finira par voguer vers d'autres horizons...

Au commencement de la relation avec son prince, la Biche est heureuse de chouchouter son petit chou. Mais lorsqu'elle se rend compte que celui-ci n'est rien d'autre qu'un pauvre «navet», puisqu'il «n'avait» rien pour la combler, alors là... Vous devinez la suite. Elle qui croyait pouvoir vivre son rêve éternellement, c'en est drôlement fini du conte de fées. La promesse d'une vie belle et facile vient d'être froidement et totalement anéantie. Non seulement son château s'écroule, mais son bateau coule. Allô! Y a-t-il quelqu'un à bord? Non mais... Il doit bien y avoir un sauveur ou un protecteur du citoyen pas très loin! Qui, dans une telle situation, voudra bien lui apporter soutien et réconfort?

La Biche doit se rendre compte que son rêve n'était rien d'autre qu'un mirage. Se retrouvant en plein désert affectif, elle optera pour la solution la plus facile. Ainsi, pour se rafraîchir, elle choisira le moyen de se noyer à nouveau dans le regard d'un sauveur ou d'un protecteur. Puisque cela a toujours donné de bons résultats, pourquoi ne pas réessayer? Au fond, qu'est-ce qu'elle a à perdre?)

Elle croit que si personne ne la prend en charge, sa vie risque d'être terne. Cela ne l'aide en rien de réagir de la sorte. Le seul élément valable pour lequel la Biche devrait se démener serait la recherche de l'estime de sa propre personne. La prétendue sécurité apportée par quelqu'un d'autre n'est pas la meilleure solution. La seule vraie sécurité doit émaner de l'intérieur d'elle-même. Le type d'inconfort qui l'habite est le résultat de son manque de confiance. Elle sentira toujours un désagrément tant et aussi longtemps qu'elle se percevra comme une victime. Honnêtement, vous croyez réellement qu'elle finira par prendre conscience de sa naïveté? Ne commettez pas l'erreur de croire que la Biche n'est pas manipulatrice à ses heures, car vous pourriez le regretter!

Elle passe son temps et son énergie à rêver; jamais elle ne songe à se réaliser concrètement. Au fait, pourquoi a-t-elle tant de difficulté à réaliser ses rêves? C'est précisément parce que ce ne sont que des rêves! Il se révèle plus facile pour elle de s'accrocher à la pensée magique que d'opter pour des projets concrets.

Dans son cas, les soubresauts de la vie paraissent durs à encaisser. Il lui arrive d'accumuler des tensions sans se rendre compte de son état. Tout à coup, sans crier gare, ses frustrations se bousculent vers la porte de sortie. C'est alors que la Biche si douce nous apparaît sous un autre jour. Elle ne semble plus d'humeur à être aussi gentille. Sans trop qu'elle comprenne ce qui lui arrive, ce genre de réaction lui est pourtant bénéfique. Cela a l'avantage de lui permettre de se dégager d'un poids, l'aidant à retrouver un certain équilibre émotif. Elle doit profiter de ces moments qui se veulent libérateurs, même si elle en fait subir les résultats à son environnement)

Certaines personnes auront vite saisi que son attitude altruiste s'apparente à une forme de servitude. Bien souvent, le temps qu'elle accorde à son entourage se compare à un genre de fuite. Cela l'aide à oublier ses problèmes et ses propres insécurités. (Pendant qu'elle se rend utile auprès des autres, elle n'a pas à affronter ses peurs ni ses angoisses.) Toutefois, par sa générosité, elle risque d'attirer certains profiteurs. Berner une Biche et abuser de sa confiance est chose facile. Ceux qui se servent d'elle n'ont qu'à nourrir ses illusions, et le tour est joué! (En fait, c'est ce type de personnalité qui est le plus fréquemment trahi.) Ce qui est dommage, c'est la vision brouillée qu'elle a d'elle-même. Cela l'empêche de reconnaître la provenance de ce qui nuit à sa vie) En mesure d'aider les autres, elle donne parfois l'impression de ne pas savoir prendre soin de son propre bien-être. Du moins, pas autant qu'il le faudrait.

Faut-il craindre la Biche?

Après avoir lu ce qui précède sur la Biche, vous pouvez constater qu'elle se sert de ses prétendus manques pour se soustraire de ses responsabilités. Il est rare de la voir s'investir pour la peine, puisqu'elle se fie en grande partie à la bonne grâce de son entourage (Dans sa façon générale d'aborder la vie, elle fait en sorte de se lier avec une personne qui se portera garante de son existence.) Je souhaite que cette dernière ne soit pas quelqu'un de votre entourage! Car malgré sa légèreté, la Biche est lourde de conséquences. En dépit de sa gentillesse et de sa fragilité, elle sait comment influencer les autres pour obtenir ce qu'elle désire. Il est aisé pour elle de jouer à la petite fille modèle. Elle sait très pertinemment qu'au début, si elle se montre sage et peu exigeante, les gens ne refuseront pas d'acquiescer à ses demandes. Alors, même si elle paraît inoffensive, soyez vigilant.

Celle-ci a la capacité de reconnaître les limites de chacun. Consciente des types de personnalités qui lui sont les plus favorables, elle se fait Biche à leurs yeux. Comme ces gens semblent apprécier son côté candide, elle n'a qu'à jouer ses ritournelles habituelles pour les faire flancher. Malheur à certains, car ils ne feront pas que craquer pour ses beaux yeux, ils devront se « fendre en quatre » pour combler toutes ses attentes! Cela ne ressemble en rien à ce qu'ils pouvaient imaginer.

Même si la Biche est loin d'être une mauvaise personne, cela ne veut pas dire qu'il ne faut pas être prudent. Gardez-vous donc une petite gêne à son endroit. Vous trouverez peut-être qu'elle abuse à certains moments. Mais attendez de rencontrer une Fausse-Biche, vous changerez vite d'avis!

 # La Fausse-Biche

La Fausse-Biche est une virtuose quand il s'agit de paraître vertueuse. Elle se présente comme un être aussi sensible et émotif que la Biche, presque le parfait copier-coller. N'empêche que lorsque nous prenons le temps d'y regarder de plus près, il s'avère qu'elle n'est rien d'autre qu'une contrefaçon! La Fausse-Biche agit tellement innocemment, comment pouvons-nous douter de ses vraies intentions? Pourquoi nous méfier d'une personne si gentille, si inoffensive? Pensez donc!

En fait, il faut être un habile observateur pour voir les détails de ses incohérences dans ses gestes et ses paroles. (Le principe de base d'une Fausse-Biche est de faire bonne figure sans perdre la face.) Au début, il est facile de se tromper sur ses soi-disant bonnes intentions. Il y a de quoi ! (De nature rationnelle et réfléchie, la Fausse-Biche fait en sorte de garder sa façade intacte. Cela constitue un défi pour elle, car elle se doit de se protéger de tous genres de soupçons et de toutes représailles./ Endossant l'apparence d'une Biche, elle se croit ainsi protégée. Le plus possible, elle s'efforce de demeurer insondable. C'est l'une des raisons pour lesquelles elle évite les nouvelles rencontres. Il faut savoir que la Fausse-Biche se défile quand il y a attroupement. Dans un contexte qu'elle n'a pas prévu, celle-ci ne manque pas de battre en retraite./

En ce qui concerne ses traits de caractère, vous pourrez constater chez cette coquine que lorsque vient le temps de rendre service, il n'est pas rare qu'elle se dérobe. Dans son cas, cela est normal puisque c'est ce qu'elle sait faire de mieux ! (La Fausse-Biche ne tient aucune de ses promesses et la majorité du temps elle ne s'en excuse même pas ! De nature égoïste, il n'est pas question pour elle de s'efforcer de faire plaisir à qui que ce soit. À moins d'y gagner un certain profit ! Elle est plutôt de celles qui préfèrent bénéficier des faveurs des autres. En fait, elle ne se gêne pas pour profiter de la générosité de son entourage, et comme elle sait bien s'entourer./..

(Il n'est donc pas surprenant de la voir se détourner d'une situation ou de quelqu'un dont le profil paraît trop incertain pour elle. Mais qu'arrive-t-il quand une personne avisée se permet de soulever le voile de cette si charmante Fausse-Biche ? À visage découvert, celle-ci n'a rien d'une Biche. Une fois mise à nu, sa nature se fait plus évidente. Elle se montre alors insupportable. Comme si quelqu'un venait de lui jeter un mauvais sort! De fée des étoiles qu'elle semblait être, elle redevient la vilaine sorcière qu'elle a toujours été)

Ses petits caprices, qui étaient autrefois à la limite du supportable, se présentent sous un jour très différent. Se servant d'incidents ridicules, elle joue la vierge offensée, prétextant de fausses allégations. Se retrouvant dans une situation inconfortable, en désespoir de cause, la Fausse-Biche se plaint que l'environnement lui manque de respect. Et puis quoi encore? Ayant ainsi perdu la face, elle se voit dans l'obligation de changer de subterfuge. Son premier réflexe sera de brouiller les pistes en s'éloignant le plus loin possible.

Ce qui doit vous mettre la puce à l'oreille, c'est quand elle commence à empoisonner l'environnement à petite dose. Elle n'est rien d'autre qu'une personne toxique dans tous les genres de contextes) Vous croyez qu'elle vous a blessé involontairement? Allons donc! Ne soyez pas dupe, car elle est dénuée de tous remords. La Fausse-Biche feint continuellement sous son masque de respectabilité) Même si elle est suffisamment habile pour s'approprier les attitudes et les comportements de la Biche, ne perdez jamais de vue que c'est une comédienne dans l'âme! Aucune de ses démarches n'est le fruit du hasard. Par ses questions biaisées, elle crée un malaise et réussit à éveiller le doute. Sa façon mesquine de répandre de fausses rumeurs a pour but de saboter la vie des gens qui l'entourent.

Celle-ci ne cherche à se lier avec aucune autre conspiratrice. Au contraire, elle fait en sorte de préserver son anonymat. Agissant seule, elle s'assure de ne pas ternir son image de Biche. Elle s'active à augmenter son pouvoir de manipulation de manière effacée et efficace) Malgré le fait qu'elle possède un esprit vif et pénétrant, elle fait en sorte que les autres la perçoivent comme maladroite. Très jeune, la Fausse-

Biche saisit l'avantage de se montrer fragile et vulnérable. Comme bon lui semble, elle mise ainsi sur les privilèges qu'elle peut en soutirer. Pour ce faire, elle ne manque pas de s'introduire de manière subtile dans un cercle d'amies composé principalement de Biches. De cette façon, elle a tout le loisir d'apprendre à les copier. Entre vous et moi, il faut être drôlement culotté pour agir de la sorte! De plus près, cela s'apparente à l'image du loup dans la bergerie. Personnellement, la Fausse-Biche se perçoit davantage comme un fin renard, c'est-à-dire qu'elle se croit plus intelligente que la moyenne des gens.

Dites-vous bien que si elle se dirige vers certaines personnes plus que d'autres, ce n'est pas sans raison. Ne voulant pas montrer ouvertement son jeu, elle se veut rusée et mesquine. Il n'est pas rare qu'elle soit l'instigatrice de mauvaises intentions. Chez elle, tout est faux, la transparence est loin d'être son fort. Masquer la réalité, elle ne sait faire que ça!

La Fausse-Biche prend toujours le temps d'évaluer le milieu où elle s'infiltre. Lorsqu'elle en a la possibilité, elle préfère s'entourer de gens qui ont les hémisphères empotés. Faciles à manipuler, ils lui servent à combler ses caprices. Plus une personne semble vulnérable, plus la Fausse-Biche anticipe le moment où la détresse va envahir sa victime. Ce qui la conditionne principalement, c'est l'envie et la jalousie. Quand il le faut, elle sait verser des larmes de crocodile. Mais tout comme lui, elle finit par dévorer sa proie.

Comme elle veut donner l'impression d'être une Biche, il est donc normal qu'elle se montre coopérative sur certains points. Mais malgré son attitude conciliante, elle est une arriviste de tout premier plan! Ayant la convoitise facile et faisant preuve d'une grande vanité intérieure, celle-ci s'exécute selon des critères bien définis. De ce fait, elle ne manque jamais d'avoir des projets décadents. Si l'une de ses ruses n'atteint pas la cible, elle n'a qu'à fouiller dans son vaste répertoire pour trouver une meilleure approche. C'est ahurissant de constater que, sous un visage aussi angélique, se cache une vraie démone!)

(Toutefois, malgré tous les scénarios que celle-ci arrive à élaborer, le contour de son auréole intrigue certaines personnes. Attentives à quelques-uns de ses relâchements inattendus, elles éprouvent de légers soupçons. Même si la Fausse-Biche continue à faire bonne figure devant la galerie, une fois que l'incertitude est introduite, celle-ci doit redoubler de vigilance. Vous ne devez pas perdre de vue que pour arriver à ses fins, la Fausse-Biche s'efforce de maintenir son rôle de Biche. Même si elle paraît agir proprement, il n'en demeure pas moins que c'est une sale hypocrite!)

(Elle se sert des autres de manière détournée pour atteindre son but. Prudente, elle sait comment enliser un individu dans des sables mouvants. Tout en faisant croire qu'elle agit à l'unisson, celle-ci réalise ses objectifs par ricochet, c'est-à-dire jamais de front. Pour ce faire, elle médite sur son plan tout en se montrant sympathique aux autres. Pourtant, dans son for intérieur, elle est totalement indifférente à leurs causes. Attention si vous avez des moments d'égarement au travail, parce que la Fausse-Biche n'attend que ça! Certes, elle possède les yeux de l'innocence, mais malheureusement ses airs attendrissants ne sont pas aussi inoffensifs qu'ils paraissent. Dites-vous qu'un simple regard de sa part équivaut à un sort jeté par un mauvais œil)

(Ne sous-estimez jamais ses capacités, car elle a tout ce qu'il faut pour créer des situations ambiguës. L'une de ses approches préférées consiste à tirer avantage de certaines tensions qui existent déjà entre employés. Le sabotage ainsi que d'autres de ses petites vacheries lui servent à profusion. La Fausse-Biche est experte quand il s'agit de jongler avec le non-dit. Ses interventions n'ont d'autre but que de provoquer des conflits afin de s'approprier les projets les plus intéressants. En fait, elle réussit à jouer avec les nerfs de l'entourage sans que personne arrive à saisir ce qui se passe vraiment. Très habile, celle-ci se positionne de manière à gruger l'énergie des gens qui lui nuisent.

Bien entendu, tout cela s'exécute en douceur, pour ne pas éveiller les soupçons. Vaille que vaille, la Fausse-Biche ne perd jamais de vue ses objectifs, elle est du genre à se montrer patiente en agissant avec discernement. Ce qui l'aide grandement à jouer avec justesse son rôle de Biche, c'est qu'*a priori* elle ne cherche pas à se valoriser auprès des autres. En fait, ce qu'elle désire, c'est monter dans l'échelle sociale pour le pouvoir de la chose. Pour y arriver, celle-ci ne manquera pas de faire des ravages. Faire sa place en détruisant la réputation de ceux qui représentent une entrave à sa réussite n'a rien d'anormal en ce qui la concerne. Elle ne ressent aucune gêne à se servir de différents outils pour arriver à ses fins.

Bien souvent, elle emprunte les voies les plus tortueuses, celles que personne n'oserait prendre. Même si la Fausse-Biche ne provoque pas ouvertement la compétition, elle aime cependant marquer des points en tendant des pièges. Pour ce faire, elle récolte à droite et à gauche certaines confidences. Elle camoufle les informations les plus importantes en les gardant secrètes. Quand elle le juge nécessaire, la Fausse-Biche s'en sert « à bon escient ». Vous aurez compris que sa vraie marque de commerce est la trahison, toutes formes de trahison!

Côté affectif, grâce à ses gestes et à son regard candide, elle suscite et éveille certaines sensations chez les messieurs. De façon subtile, elle joue au cœur qui soupire. Ce qui donne comme résultat que

imp

les hommes se montrent attentifs à ses agréables petits gémissements. Par malheur, certains d'entre eux apprendront à leurs dépens qu'il est risqué de tomber amoureux d'une Fausse-Biche.

Ce qu'elle recherche comme type d'homme, c'est un chevalier servant plus qu'un sauveur ou un protecteur. Comme vous pouvez le constater, ses attentes ne ressemblent en rien aux besoins de la Biche. La Fausse-Biche préfère se concentrer sur des proies plus faciles à manipuler. Pour ce faire, elle aime bien jouer à la Belle et la Bête. Mais dès le début de la relation, elle endosse, sans que rien y paraisse, le rôle de la Bête. Et croyez-moi, la Fausse-Biche est loin d'être bête! Très forte sur le plan du chantage affectif, elle exploite les hommes sans vergogne. Elle est en mesure d'abuser sans aucun remords de la générosité de l'être aimé. Les hommes ne s'attendent pas de la part de cette prétendue Biche qu'elle les manipule aussi adroitement. Comme elle sait projeter une belle image, il est normal que tout nouveau venu ne suspecte pas sa vraie nature. Il est tellement ravi par les petites attentions qu'elle lui prodigue au début de leur rencontre, comment une femme aussi gentille pourrait-elle...?

Malgré tout, un jour se présente le moment fatidique! La Fausse-Biche se met à entamer le chant du cygne qui annonce l'inévitable. Arrive donc ce qui devait arriver… L'homme reste pantois face à sa débandade. Complètement inconscient de ce qui lui arrive, ce pauvre individu se retrouve devant une énigme à résoudre. Ce qui est tout à fait normal puisqu'il n'a été informé en aucun temps de sa véritable identité. Et à coup sûr, il ne la connaîtra jamais. Pauvre homme qui croyait apprivoiser une petite Biche. Comme tous les autres, il s'est fait ficeler pareil à un saucisson!

Mais c'est pire encore pour l'orgueilleux qui se prend pour le coq de la basse-cour. Assurément, la Fausse-Biche aura un malin plaisir à le mijoter comme un bon vieux coq au vin. Lorsqu'il le faut, elle se donne le mandat d'attendrir le plus endurci et le plus coriace d'entre tous. Affichant une fausse fragilité, elle présente une façade qui arrive à déjouer la vigilance des durs à cuire. Elle finit par trouver et toucher une de leurs cordes sensibles. Dans une telle situation, elle ne perd pas de temps pour les mettre sur la corde raide. Il faut savoir que sous ses jupes en dentelle se cache un amas de barbelés!

Vous croyez que la Fausse-Biche est menaçante pour les nouveaux couples d'amis? Vous n'avez pas idée! Mine de rien, avec son œil de Biche et son petit sourire narquois, elle est en mesure de provoquer la tentation. Donc, lorsqu'il y a présence d'une Fausse-Biche, vous devez sortir au plus vite votre écriteau « On ne touche pas à mon homme! ». Soyez assuré qu'elle adore tournoyer autour de ceux qui sont déjà engagés dans une relation. Ce qui surprend, c'est qu'elle ne paraît nullement dérangée par la présence de leur conjointe. Bien au contraire, cela éveille en elle son côté machiavélique. Il n'est pas rare qu'elle prenne l'initiative de parler à un individu en jetant un regard à sa femme. Prenant une attitude plus que désinvolte, elle a l'air de lui dire : « Ma belle, fiche-nous la paix, je ne vais faire qu'une bouchée de ton homme! »

Non seulement elle ne se gênera pas pour piétiner vos plates-bandes, mais elle mettra aussi le feu à la baraque! Séduire le petit copain de sa meilleure amie ou le meilleur ami de son propre amoureux, c'est comme si c'était dans la poche! Alors, ne vous posez pas trop de questions lorsque vous la verrez, comme une chatte, se lécher la patte. Vous ne tarderez pas à en découvrir la vraie raison...

La Fausse-Biche sait que l'amour rend aveugle, mais elle croit qu'il rend également sourd et muet. Cela a pour avantage de lui faciliter la tâche. Comment s'y prend-elle? Au début, elle fait en sorte d'en jeter plein la vue pour aveugler le nouveau venu. Tellement surpris, l'individu en reste bouche cousue et, par le fait même, devient complètement muet. Devant l'arsenal déployé, le pauvre homme se montre sourd aux conseils de ses amis. Témoins de sa transformation, ses copains sont déconcertés de le voir agir comme un gentil toutou. Remuant la queue à la moindre demande de sa maîtresse, celui-ci ne sait plus s'il doit faire le beau, s'asseoir ou faire le mort.

Une fois que la Fausse-Biche se sera suffisamment amusée avec son jouet, elle le remisera dans un placard avec les autres. Lorsqu'elle sentira le besoin de se divertir, elle pourra à sa guise tirer sur les ficelles d'un nouveau pantin. Mais elle pourra tout aussi bien s'accommoder de petits badinages. Il est vrai qu'au passage, entre deux bonnes prises, il lui arrive de s'accorder un moment avec des minus. Malgré le fait qu'elle soit une arriviste et une opportuniste, selon le contexte, elle peut tout aussi bien se montrer moins exigeante; comment dire… elle sait faire avec!

La Fausse-Biche se donne tous les droits, et surtout celui de revendiquer certains caprices! Elle croit qu'il est tout à fait normal de retirer des bénéfices en rapport avec «ses petites attentions». Quand c'est le cas, elle prend le temps d'évaluer celui qui sera capable de lui offrir ce qu'elle désire. Sans être le plus expérimenté, il doit quand même se montrer à la hauteur des besoins de madame. Dès les premières minutes, elle se met en position de contrôle. Sans savoir que le jeu vient de commencer, l'homme ciblé est déjà perdant. Mais si ce n'était qu'un simple jeu, si ce n'était que ça… Attendez de voir ce pauvre type en connaître l'enjeu!

Faut-il craindre la Fausse-Biche ?

« Craindre » n'est pas le mot approprié. En fait, il n'y a pas de termes suffisamment justes et adéquats pour vous mettre en garde contre ce type de femme. Elle a pour habitude de ne se fier qu'à elle-même. Ce qui fait toute la différence avec le comportement de la Biche. Lors d'une première rencontre, soyez attentif, vous la verrez jeter un regard furtif sur chaque personne présente. Elle cherche à se faire une opinion en cernant vitement l'entourage. Cependant, si vous tendez un peu l'oreille, il vous sera peut-être possible d'entendre de petits chuchotements en provenance de sa tête...

Attention, aussitôt qu'elle est bien informée, elle s'organise pour s'attribuer les bonnes cartes. Intelligente et rusée, elle sait tirer profit et avantage de sa position, qu'importe son rang. Comme elle est de nature envieuse, il est préférable de ne pas figurer sur la liste des personnes qui la « dérangent ». Sinon, la situation paraîtra longue et pénible pour celle qui ne pourra pas se défendre.

Comme au théâtre, elle parvient à faire croire à la véracité de son personnage. Ce n'est pas le fait de ne pas être authentique qui s'avère le plus menaçant pour les autres ; c'est davantage ce qui en découle. Même si les gens sont témoins de sa dite collaboration, ils seront déçus d'en voir le résultat. Il n'y a jamais de véritable contribution de sa part ! Le plus désarmant, c'est que malgré toutes ses cachotteries, pendant un bon laps de temps, elle réussit à montrer patte blanche. Cependant, il en est tout autrement quand la Fausse-Biche se retrouve devant l'une de ses consœurs, telle la Bitch. Il y a fort à parier que c'est cette dernière qui en retirera alors tous les bénéfices. Vous avez des doutes ? Attendez de lire ce qui est mentionné sur la Bitch !

La Bitch

Vous avez sous les yeux la plus blindée d'entre toutes : la Bitch ! Qu'a-t-elle de différent ? Tout ! Enfin… à peu près tout. C'est qu'elle n'a rien à son épreuve et de surcroît elle n'a aucune limite, façon de parler ! Cependant, l'une de ses principales caractéristiques est qu'elle manque totalement de tact. Le pire, c'est qu'elle en est fière. Voilà l'un des problèmes auxquels les gens se trouvent confrontés quand ils sont en sa présence. La Bitch ne se sent pas parfaite, comme la Fausse-Biche. Elle se perçoit comme bien au-dessus de la mêlée, puisqu'elle est « plus que parfaite » ! C'est pourquoi elle ne manque pas d'abuser d'arrogance, en prenant un malin plaisir à intimider l'environnement.

Elle se fiche éperdument de faire bonne impression. Ce n'est pas son genre de se montrer indécise et coincée, comme la Biche. D'ailleurs, partout où elle passe, elle fait des malheurs. En fait, la Bitch ne fait que ça ! À sa façon, elle rend toutes les situations effroyables. Assumer son statut de vraie Bitch n'est pas de tout repos ! Elle donne l'impression de gérer à temps plein une entreprise complexe composée de multiples paliers.

Loin d'être banales, ses réactions sont de nature imprévisible. En aucun temps, vous ne verrez la Bitch justifier ses gestes, et encore moins ses paroles. Pour les excuses, vous pouvez toujours attendre ! Elle est rarement d'humeur à faire de la sensiblerie. C'est pourquoi elle laisse la dentelle à la Biche. Elle ne semble pas avoir peur de grand-chose, ni même de personne. Si vous trouvez que la Bitch ne manque pas de toupet, relevez la mèche qui recouvre son front… Vous y découvrirez un tatouage de la catégorie « À vos risques et périls ». Il est clair qu'il n'est pas question pour elle d'être manipulée ou exploitée par qui que ce soit. Loin des standards habituels, en sa compagnie les gens ont l'impression d'être en terre inconnue, mais sûrement pas en terre sainte!

La majorité du temps, cette femme ne se gêne pas pour s'approprier un élément qui appartient *a priori* aux hommes. Mais comme, aux yeux de certains messieurs, cet élément paraît tout à fait banal et sans grand intérêt, ils le mettent à la disposition de personnes plus avisées, en l'occurrence de types de femmes qui se révèlent «particulièrement spéciales»!

C'est ainsi qu'à sa convenance, et en tête de liste, la Bitch se retrouve en possession de ce que l'on appelle des couilles! De là vient tout probablement l'expression selon laquelle la Bitch couillonne les autres. Elle se comporte toujours comme si elle possédait plus de pouvoir que n'importe qui d'autre. Pour la Bitch, avoir de la personnalité signifie être capable de prendre la place, toute la place! Il lui est impossible de rester anonyme parmi un groupe. Cela est loin de lui ressembler. C'est pourquoi personne ne peut miser sur une simple collaboration, à moins de lui offrir l'avant-plan! Et si cela se trouve, elle n'a pas besoin de sentir que l'entourage l'apprécie pour siéger sur un trône. La Bitch n'a aucun problème à se voir contestée ni confrontée.

Comme elle possède une forte personnalité et une assurance indéfectible, elle s'évertue à être une nuisance publique. Étant donné son comportement dévastateur, elle se croit la seule à détenir l'expertise valable pour s'imposer. Elle en profite pour avoir des individus sous son joug afin de maintenir son prestige. La Bitch réprime l'ordre établi, provoquant ainsi la rébellion et le désordre. Elle adore semer des embûches, cela la stimule au plus haut point. De plus, elle préfère qu'on la craigne plutôt que d'être aimée. À travers ses manières condescendantes, celle-ci dégage du mépris envers les autres. Ce qu'elle sonde en premier lieu chez les gens, c'est leur degré d'estime d'eux-mêmes. La Bitch a pour habitude de tourner tous les gens en dérision, sans préavis, et indépendamment de leur statut social, des moins en vue aux plus cotés d'entre eux.

Tout cela s'avère banal pour elle. Le but visé est non seulement d'intimider, mais principalement de faire sa marque ; et pour y parvenir, elle doit se faire remarquer ! Quand elle domine en toute impunité, cela lui apporte une grande satisfaction. C'est payant puisque cela a pour effet de nourrir son ego. Pour elle, faire sentir les gens coupables ou les humilier, c'est du pareil au même. Et malheur à la personne qui cherche à soutenir le regard d'une Bitch, car il est moins sûr qu'elle supporte par la suite ses initiatives…

La vraie Bitch ne se cache pas dans le dos des gens pour les dénigrer. Elle le fait ouvertement et de plein front ! Cependant, ne vous y trompez pas, quand elle vous montre les dents, ce n'est pas un sourire qu'elle affiche ! Sans scrupule ni protocole, avec elle tout est noir ou blanc. L'une de ses motivations est d'établir un régime de terreur, et elle y arrive parfaitement !

Malgré son comportement général, il ne faut pas croire que la Bitch est nécessairement d'essence vulgaire. Il arrive à l'occasion qu'elle se présente sobrement. Elle endosse alors une apparence classique, du style bon chic bon genre. Mais aussitôt qu'elle s'exprime, elle perd de son charme. Juste par ses propos, l'effet est instantané ! Tel un ouragan, elle submerge l'environnement. Supposons qu'un jour vous deviez vivre ce genre de situation, si vous en avez la possibilité, sauvez-vous au plus vite !

La Bitch aime s'afficher ; plus grave encore, elle aime avoir l'air de s'en ficher ! De fois en fois, les gens n'arrivent toujours pas à en croire leurs yeux. Cherchant le contrôle sur différents plans, faire parler d'elle s'avère important, et elle y arrive ! Elle s'organise pour entretenir son image de marque, celle de Bitch ! Elle exulte de se voir aller. Mais en fait, pour la majorité du monde, elle symbolise une aberration sur deux pattes !

Ses paroles se comparent volontiers à des lance-flammes. Par ses sarcasmes, elle réussit à transpercer l'âme des plus endurcis. Elle jubile de voir le tumulte qu'elle provoque. Par malheur, il y a toujours une personne ciblée par son humour sanglant. La galerie qui lui sert de public se voit ainsi divertie pendant un moment. Mais chacun de ses spectateurs finit par rire jaune quand vient son tour !

La Bitch sent constamment un besoin impérieux de maintenir l'étendue de sa réputation. C'est-à-dire que sa renommée doit non seulement la précéder, mais aussi l'escorter tout au long de ses déplacements. Bien plus qu'une simple princesse, comme se veut être la Biche, la Bitch, par son comportement, se rapproche davantage d'une diva. C'est pourquoi il ne faut pas se surprendre de sa conduite exécrable. Capricieuse à souhait, elle ne manque pas de faire scandale, l'un n'attend pas l'autre ! Cette diva a pour habitude d'imposer ses désirs, et les gens se doivent de se soumettre ! Comme elle possède son propre code d'honneur – ne faisant aucune place à l'éthique, il va sans dire –, il n'est pas question pour elle de se percevoir comme une victime.

La Bitch désire que sa condition sociale s'apparente à une sphère au-dessus de tous. En conséquence, elle cherche à fuir les gens qui possèdent un mode de vie banal et sans grand intérêt. Cependant, elle a beau se voir comme une reine, elle ne dégage aucune noblesse, ni du cœur ni de l'esprit. Le plus surprenant, c'est que malgré son mauvais caractère, elle arrive à s'entourer d'une cour. Mais à juste titre, ce n'est qu'une simple basse-cour. Avec ses complices, les poules de luxe, elles aiment découvrir les boutiques les plus en vogue. Pour satisfaire certains de ses fantasmes, elle ne manque pas de s'entourer de chauds lapins. Et il ne faut pas oublier ses petits moutons, ses loyaux serviteurs. Faites le tour de sa basse-cour et vous y trouverez bien le compte !

Si vous êtes de celles qui possèdent une certaine classe et surtout de l'aplomb, ne restez pas dans ses parages parce que, sans aucun doute, vous serez l'une de ses prochaines victimes. La compétition ne la dérange pas, bien au contraire, la Bitch y est dans son élément. Si une personne lui fait ombrage, celle-ci doit avoir une forte estime d'elle-même, sinon elle va se faire massacrer... du moins elle va passer un très mauvais quart d'heure !

Avant de s'infiltrer dans un nouveau milieu, il n'est pas rare que la Bitch sente le besoin de se retrouver devant son miroir. Elle lui posera alors la fameuse question : « Miroir, miroir, dis-moi qui est la plus Bitch ? » Ainsi imbue de sa personne, convaincue de son pouvoir, elle sera prête à rencontrer ses futurs collègues. En s'adressant à eux, elle cherchera la première personne sur qui elle pourra jeter son dévolu. Ce qui s'avère le prélude à une périlleuse aventure.

Une fois installée dans son nouvel environnement, celle-ci devient vite envahissante. Par sa seule présence, c'est l'enfer à coup sûr ! La Bitch arrive à miner le moral des troupes. C'est entièrement sa faute si l'atmosphère et l'harmonie deviennent insupportables et irrécupérables. Il n'est pas rare que ses journées se résument principalement à détruire ses rivaux. En permanence, elle en a un ou une à démolir. La transgression, quoi de mieux que ce mode d'opération, surtout quand il s'agit de mettre en déroute la compétition. Comme la Bitch n'a pas peur des confrontations, ce n'est pas son genre de se défiler. Elle se fait même une gloire d'être l'instigatrice de quelques rapports de force. Sa liberté d'action ne semble pas avoir de limite. Lorsqu'elle veut vraiment prendre d'assaut l'entourage, rien de plus évident pour elle que de viser haut en frappant bas! Ce qui veut dire viser la première place en nivelant par le bas. Endossant le rôle de dirigeante, elle pourra enfin montrer de quel bois elle se chauffe… et ça va chauffer!

Le mot « magnanime » ne faisant pas partie de son vocabulaire, elle ne montre aucune indulgence envers qui que ce soit. Lorsqu'elle détient un rôle qui l'avantage, elle s'amuse à faire la pluie et le beau temps. C'est ainsi que les employés se retrouvent exposés à ses intempéries. La Bitch peut enfin s'octroyer une grande marge de manœuvre. Au début de son mandat, elle fait en sorte d'éveiller chez les meilleurs employés des doutes quant à leur efficacité et à leur compétence. Ce qui est tout à fait normal puisque leur expérience représente une menace sérieuse pour sa survie professionnelle. Éliminant les plus aguerris, elle s'entoure de préférence de Biches sans grande expérience. Trop naïves pour être conscientes des stratégies de leur patronne, elles se font manipuler à volonté. Ses chères petites Biches pourront ainsi répondre à tous ses caprices. Une fois de plus, les gens ne représentent que des accessoires pour ses fins personnelles.

La suite n'est pas bien dure à deviner… Étant mal entourée, transgressant les règles liées au contexte professionnel, elle n'entraînera que perdition. Elle aura cependant l'intelligence, pour elle-même, de quitter le bateau avant que celui-ci coule. Une Bitch à la barre engendre la perte de dignité chez ceux qui se retrouvent dans sa galère. Et ce n'est guère mieux sur le plan de ses amours…

Juste pour le plaisir de confirmer son pouvoir de séduction, elle cherche à retenir le regard des hommes. Investie de son image comme objet de désir, elle sait très pertinemment qu'elle possède toujours la cote! Aguichante, elle aime se donner un style qui fait tourner la tête de ces messieurs. La Bitch se sert volontiers de ses attributs féminins pour attiser leur flamme. Il est vrai qu'elle dégage quelque chose d'unique et de très personnel. En amour, elle ne cherche pas la fusion, loin de là. En fait, elle provoque davantage la confusion.

Son principal intérêt est de sentir qu'elle possède l'emprise totale sur l'autre. Expérimentée en matière de jeux de séduction, elle agit de manière suggestive. Enchanté, se croyant unique et exclusif aux yeux d'une telle créature, l'homme tombe dans le panneau. Mais pour la Bitch, ce n'est qu'un passe-temps. Bien entendu, elle n'a rien contre l'attachement affectif, du moment qu'elle peut tenir en laisse son petit compagnon. Opportuniste dans ses amours, elle cherche à taquiner les plus gros poissons. Il faut croire qu'elle n'a pas besoin de pêcher très longtemps pour qu'un homme morde à l'hameçon. Une fois la prise entre ses mains, selon son humeur, elle peut simplement décider de noyer le poisson… Il faut quand même le faire!

Concernant la chasse, il n'est pas rare qu'elle vise l'oiseau rare. Elle s'organise alors pour lui offrir un certain plaisir sans le gaver d'un trop-plein d'affection. Pour ce faire, elle le laisse en suspens, comme l'oisillon qui garde le bec ouvert, attendant d'être nourri. L'être aimé n'obtient finalement qu'une satisfaction provisoire. Si, entre-temps, elle se rend compte qu'il ne possède qu'une cervelle de moineau ou qu'une tête de linotte, alors là, elle n'en fera qu'une bouchée, prenant soin auparavant de le plumer.

En fait, juste pour le plaisir, elle adore troubler ces messieurs pour ensuite les mettre dans le trouble! De nature entreprenante, elle déteste quand un homme lui résiste. Dans ce genre de situation, ce n'est pas long avant que la Bitch retourne devant son miroir : « Miroir, miroir, dis-moi… » La quintessence de la manipulation lui appartient assurément. Un jour, elle adule l'être aimé et le jour suivant, elle le détruit froidement. Vu le régime de terreur qu'elle réussit à établir, même l'abominable homme des neiges ne pourrait arriver à ses fins. À voir l'entourage se briser devant tant d'audace, nous ne pouvons nier l'évidence que le malheur des uns fait son propre bonheur.

On dit que l'argent n'a pas d'odeur ; eh bien, la Bitch a du flair en ce qui concerne la richesse. Il est normal pour elle de jeter un sort à celui qui se démarque par un certain chic. Son approche dans de telles conditions s'apparente à la mentalité du « chacun mon tour ». C'est pourquoi il n'est pas rare que l'homme qui accompagne cette diva fasse figure de « petit trésor ». Elle se fait attrayante tout en étant consciente qu'elle sert de faire-valoir à cette catégorie d'homme. Tant et aussi longtemps que cela lui convient, elle agira en conséquence.

Bien entendu, ce n'est pas son genre de se pavaner au bras d'un individu qui ne possède pas un statut social enviable, ni la prestance qui va de pair avec celui-ci. En fait, le gars doit avoir du panache. S'il se croit en mesure de dompter une telle femme, attention, car ce n'est pas une mince affaire! Comme dit la chanson, « on n'apprivoise pas les chats sauvages ». Les prétendants non avertis devraient être prudents parce que ces petites bêtes-là, ça mord! Sous l'apparence d'un petit caniche se cache une vraie tigresse!

Quand surgit un problème avec son amoureux, la Bitch en profite pour régler le tout sur le plumard. Pas surprenant puisque le corps à corps, ça lui connaît! Toutefois, il ne faut pas se surprendre si sa dynamique amoureuse change de cap selon son humeur. Lorsque l'orage approche et perturbe l'atmosphère, l'écho des petits mots doux ne semble plus répondre. Les vents violents se mettent à souffler des sarcasmes tels que garce, salope, pétasse, connasse… C'est loin d'être la première et la dernière fois qu'il s'en trouve un pour réagir de la sorte. Mais pourquoi celui-ci lui manque-t-il autant de respect? Elle si gentille, pourquoi se fait-elle flageller par un tel goujat? Si vous croyez que ça la dérange! C'est loin d'être son genre que de s'en faire pour de telles peccadilles. Comme elle est rarement mécontente d'elle-même, pourquoi chercherait-elle à se défendre?

Esclave de son état maladif, les moindres recoins de son esprit sont tordus, totalement tordus! Et la culpabilité dans tout ça? Quelle culpabilité? Cruella, c'est elle! Rien de tel que la présence d'une Bitch pour purger l'entourage. Ce n'est pas surprenant, c'est une emmerdeuse! Il va sans dire que les gens vivent mieux en son absence qu'en sa présence.

Mais où se trouve donc le meilleur d'elle-même? Je peux vous assurer qu'il est nettement plus facile et plus agréable de jouer à *Où est Charlie?* que de chercher le moindre aspect favorable de la personnalité d'une Bitch. Car Bitch un jour, Bitch toujours!

Vous désirez négocier en cherchant un compromis avec ce genre de personne? C'est tout simplement de la folie, n'y pensez même pas! Une entente avec elle est totalement impossible. Vous vous retrouverez en moins de deux sur un terrain miné. Essayer de faire reconnaître ses droits par une Bitch, c'est comme se trouver devant son bourreau et vouloir discuter copain-copain juste avant de passer à la guillotine. Donc, concernant quelque forme d'arrangement que ce soit, ne mettez pas toute votre énergie à essayer de comprendre sa façon de procéder. Sa logique est difficile à concevoir, même particulière, puisque les règles, c'est elle qui s'en occupe! Ne perdez pas de vue qu'elle n'a qu'une seule et unique priorité : elle-même!

Son mode d'opération consiste à se servir et à ne rien octroyer en retour. Son égocentrisme et son narcissisme font en sorte qu'elle ne cède à aucun compromis. Pas question que quelqu'un décide à sa place. Cela ne fait pas partie de ses options, d'aucune de ses options! Les gens ne doivent pas s'attendre à une trêve de sa part. C'est plutôt le contraire, elle ne pense qu'au moment où elle donnera le fameux coup de grâce!

Indépendamment de ce que les gens peuvent penser, la Bitch apprécie les confrontations. Le face à face avec quelqu'un qui lui tient tête a pour effet de provoquer son côté audacieux. Se faire répondre du tac au tac lui donne ainsi la possibilité de prouver son savoir-faire. Cependant, si la personne ne fait pas le poids, elle va en payer le prix et assurément passer un mauvais moment. Puisqu'elle se croit incomparable, ce n'est pas le style de la Bitch de chercher à se comparer aux autres. C'est l'une des raisons pour lesquelles elle ne fait jamais d'introspection.

Confiante en ses capacités, elle considère qu'il n'y a jamais rien de trop beau ni de trop bien pour elle. Elle désire être reçue et servie comme une VIP. Comprenons-nous bien, dans son cas, VIP n'est en fait que le diminutif de vipère! Du venin plein la gueule, elle réussit à envenimer la vie de tout le monde. Il faut croire que son cerveau reptilien (la partie du cerveau la plus résistante, située au bas de la nuque) semble très important chez elle. Ce qui n'est pas surprenant, ni rassurant!

(Mais est-ce humainement possible de changer le comportement de cette grande incomprise? Le pire qu'il puisse arriver, c'est d'être persuadé de sa sincérité. Misère! Vous ne devez faire preuve d'aucune indulgence à son égard, jamais de la vie! Ne croyez pas à sa complicité ni à son amitié, ne faites pas l'erreur de la croire. Chercher à connaître ses bonnes intentions, c'est perdre votre temps, puisqu'elle n'en a aucune. Si vous continuez à croire qu'un jour elle va changer malgré son manque flagrant de souplesse dans ses rapports sociaux, alors là, vous vous leurrez. Vous pensez qu'il serait important que quelqu'un finisse par la comprendre, la pauvre… Et puis quoi encore? Vous cherchez à vous donner bonne conscience en l'excusant, la pauvre… D'aucune façon vous ne devez être compatissant ni compréhensif envers ses écarts de conduite.)

(Si vous présumez que la Bitch souffre d'insécurité et qu'elle a besoin d'aide, alors de grâce, n'endossez pas le rôle de thérapeute auprès d'elle. Tenez-vous loin de sa sphère d'influence afin de vous protéger mentalement et émotivement. Si vous êtes du genre à avoir le cœur sur la main, la Bitch viendra à coup sûr manger dans votre main. Mais soyez avisé que son seul et unique but sera de vous dévorer le cœur! Vous connaissez cette maxime: « Ne mords jamais la main qui te nourrit »? Eh bien, la Bitch s'en contrefout éperdument!)

(Mais quel est son problème? Qu'est-ce qui la conditionne et la motive ainsi? Surtout ne vous attardez pas à ce genre de questions, parce qu'en réalité vous ne voulez pas vraiment le savoir! C'est une malade, un point c'est tout! Malheureusement, si pendant un seul instant vous croyez encore à l'honnêteté et à la sincérité de celle-ci, il serait important de relire au grand complet cette section la concernant.

Faut-il craindre la Bitch ?

Pas du tout… En fait, vous n'aurez même pas le temps de la craindre. Elle vous aura jeté par terre bien avant que vous vous rendiez compte de quoi que ce soit! Ce qui détermine l'intérêt d'une Bitch pour une personne en particulier dépend de différents aspects. Plus quelqu'un possède de l'envergure, du caractère ou qu'il paraît le moindrement énigmatique, plus sa curiosité sera éveillée. Elle portera une certaine attention, sinon une attention certaine, à ce genre de personne.

Alors, selon qui vous êtes et ce que vous représentez à ses yeux, vous ne tarderez pas à savoir ce qu'elle pense de vous. Faites attention, car il n'est pas de tout repos de se retrouver en sa compagnie. Ne cherchez pas à la déchiffrer, mettez davantage votre énergie à vous en préserver. Ce qui s'avère le plus difficile, c'est de sortir de son labyrinthe une fois qu'on s'y est introduit. Vous sentirez vite la présence du Minotaure à l'intérieur de ses murs. Alors, sauve qui peut! Lorsque quelqu'un échappe à son expertise, cela a le don de la rendre encore plus rebelle. Dans ce cas, ce n'est pas long avant que la Bitch établisse son pouvoir machiavélique auprès de cette personne. Comme vous pouvez le constater, la Bitch est toujours en état d'alerte.

Mais sérieusement, faut-il la craindre? En totalité ou en partie… oui! C'est un être abject, sans grande moralité, imbu de lui-même et bien plus encore. Le monde est méchant, diront les gens, et par conséquent certaines forces négatives donnent à réfléchir. Après le passage d'une Bitch, il n'est pas rare que des personnes soient dans l'obligation de reconstruire l'estime d'elles-mêmes. Il est essentiel et prioritaire pour elles de reprendre confiance dans les valeurs qui composent leur intégrité.

La Bitch « attitude »

Si vous croyez qu'une personne qui bitche occasionnellement peut être du calibre d'une vraie Bitch, vous êtes complètement dans l'erreur! Ce qu'il faut savoir, c'est que le fait d'endosser une semblable attitude ne garantit pas qu'on soit identique à une véritable Bitch. Ce n'est bien souvent qu'une pâle imitation. Emprunter son image et son comportement ne confirme en rien la capacité d'égaler une telle diva. Du moins, ce n'est pas aussi simple qu'il n'y paraît !

Quand une femme essaie d'imiter la conduite d'une Bitch, elle risque de se retrouver un jour ou l'autre dans une impasse. Bonne chance à celle qui cherche à agir aussi efficacement que l'original, car les résultats escomptés ne seront jamais aussi éclatants que prévu. S'il advient qu'une personne affichant une Bitch « attitude » se trouve par hasard devant une authentique Bitch, pas de doute, sa parodie ne fera pas long feu.

Ce qui devient catastrophique et dangereux, c'est que la bitcherie n'est plus l'apanage exclusif de la Bitch. Lorsque cette attitude devient une façon de s'exprimer, cela ne représente rien de moins qu'une bombe à retardement. Même adoptée sous la forme d'humour sarcastique, juste dans le but de « s'amuser », elle est tout aussi accablante que dévastatrice. Ce genre de contexte représente une lourde charge émotive pour ceux qui en sont les souffre-douleur. Ayant peur des représailles, ils préfèrent taire leur situation. Ces gens vivent un cauchemar, étant dans l'impossibilité de comprendre le pourquoi d'un tel acharnement à leur égard. Bien souvent, ces victimes préfèrent des échappatoires qui s'avèrent cruelles pour elles, et parfois davantage pour leur environnement immédiat.

Il faut savoir que la personne qui à l'occasion bitche est incapable d'assumer pleinement son attitude. Elle se protège continuellement contre les impacts infligés, se défendant en expliquant que ce n'était que pour rigoler. Elle se permet d'agir de la sorte, car elle se confine habituellement dans un milieu familier. Prendre le temps de valider une stratégie en vue d'intimider quelqu'un, cela ne ressemble en rien à une véritable Bitch. Une vraie de vraie ne se pose jamais de questions. Elle agit de manière instinctive, cela est tout à fait naturel chez elle. De plus, celle-ci ne manque jamais d'y aller à fond. Tenace, elle s'acharne sans demander l'appui de qui que ce soit. Elle agit indépendamment des réactions provoquées sur l'entourage. Il est vrai qu'elle apprécie la présence de certains témoins, mais pas pour les mêmes raisons. Cela nourrit son ego que de se voir entourée de spectateurs. Mais ce n'est pas son genre de solliciter le soutien d'un auditoire. La seule colonne qui soutient la Bitch, c'est sa colonne vertébrale! Elle s'attribue le plein pouvoir de ses actes, et il n'est pas nécessaire qu'elle s'entoure d'individus pour agir. Elle est la seule sur son piédestal, et malheur à celle qui chercherait à la détrôner.

Sa vie durant, la Bitch n'a d'autre souci que d'accorder la priorité à ses propres besoins. Parce que c'est dans sa nature, elle s'accorde le droit de vampiriser les autres. C'est une vocation que d'opter pour une telle mission : on a ça dans le sang ou on ne l'a pas! Comme pour toute bonne vocation, même si certaines personnes en sentent l'appel, il y a beaucoup d'appelés mais peu d'élus. Pour faire ses classes de manière exemplaire afin de devenir une authentique Bitch, il faut savoir abdiquer en mettant de côté son âme et sa conscience. Il est impossible de faire partie d'un cercle aussi sélect sans renier le côté céleste de la chose. Heureusement pour nous, ce cercle est restreint. Difficile de saisir ce qui se trame réellement dans la tête d'une Bitch qui s'acharne à diriger un être fragilisé vers le précipice de l'intemporel!

La personne qui cherche à endosser la Bitch «attitude» croit être en mesure d'en tirer certains bénéfices. Mais lesquels? Une popularité obtenue en dénigrant et en humiliant des gens qui n'ont rien provoqué? Comme cette personne sait d'avance qu'elle a l'appui de certains supporteurs, cela la conditionne à prendre les devants. À ce propos, si des gens sont témoins d'une Bitch «attitude» et qu'ils demeurent sur place comme de simples spectateurs, ils seront considérés comme complices. C'est un pensez-y bien que de montrer un intérêt pour ce type d'ingérence.

Il arrive un moment où l'emmerdeuse finit par se faire montrer du doigt. C'est alors que sa réputation peut paraître moins glorieuse que prévu, se faisant plus terne aux yeux de certains. Cela ne veut pas dire que cette personne manifestera automatiquement le désir de s'abstenir de tout mauvais comportement. Il se peut qu'elle décide d'en finir avec sa Bitch «attitude». Mais si c'est le cas, n'allez pas croire qu'elle fera nécessairement amende honorable. Loin d'elle l'idée de faire piètre figure en décidant de reconnaître les torts concernant sa conduite.

Il peut tout aussi bien arriver que cette malfaisante se sente elle-même piégée par son rôle. Dans ce cas, souvent elle se voit dans l'impossibilité de faire marche arrière. Il faut se rendre compte que ce qui la touche réellement, c'est le fait de perdre définitivement son illustre réputation. Ce qui est loin de l'enchanter. L'orgueil aidant, celle-ci ne s'inclinera pas, loin de là! La solution qu'elle choisit est de poursuivre ses ravages, ainsi elle continuera d'être adulée. C'est pourquoi elle préfère monter la barre de ses méfaits à un niveau plus élevé. Démontrant une attitude tout aussi méprisante qu'auparavant, sinon plus, elle entame le chemin de la démesure. Il est important de rester vigilant, parce qu'une société trop permissive en matière d'intimidation est une société qui se dégrade et se déshonore.

La Fausse-Bitch

Cela demande un certain temps avant de se faire une juste opinion concernant la Fausse-Bitch. Lors d'une première rencontre, les gens ont normalement une réaction négative à son endroit. Il y a de quoi puisqu'elle se montre rébarbative à faire des efforts pour se montrer d'agréable compagnie. Il n'est pas question pour elle de s'ajuster à l'environnement. On se rend vite compte qu'elle ne véhicule pas la mentalité de «tout le monde est beau, tout le monde est gentil». Il est donc normal que la majorité des personnes restent accrochées à leur première impression. Elles n'ont pas d'autre choix que de réagir de cette façon. La Fausse-Bitch n'a qu'une ligne de conduite et il n'est pas question pour elle de changer d'attitude. Il est donc naturel qu'elle s'attire des inimitiés et qu'elle en soit la seule responsable.

C'est ainsi qu'elle maintient son comportement froid et distant en tout temps et en tout lieu. Cependant, aussi surprenant que cela puisse paraître, elle gagne à être connue. Il ne faut pas perdre de vue qu'elle n'est pas une Bitch mais une Fausse-Bitch, ce qui est fort différent! En quoi est-ce différent? En tout! Parce que c'est volontairement qu'elle se retranche derrière ce type de comportement. Être perçue comme antisociale ne semble pas la déranger. Elle s'en accommode très bien, et c'est tout à fait consciemment qu'elle agit de la sorte.

Ce qu'il faut comprendre, c'est que sa tendance à s'éloigner des autres vient du fait qu'elle n'a pas l'intention de gaspiller son temps en balivernes et en stupides sornettes. Pour elle, il y a bien mieux à faire que de s'attarder aux histoires de tout un chacun. La Fausse-Bitch se ferme volontairement aux confidences des autres. Elle tourne le dos à ceux qui passent leur temps à se morfondre sur leur sort sans réagir adéquatement. Les gens qui aiment retenir l'attention sont déçus de voir la Fausse-Bitch se désintéresser totalement de leur semblant de vie.

C'est ainsi que leur pauvre petit moi reste mystifié lorsque la Fausse-Bitch ne réagit pas à leurs futiles propos. Le fait qu'elle ne sympathise d'aucune manière avec eux leur donne l'impression de se heurter à un mur. Celle-ci agit en connaissance de cause en ne s'attardant pas à leur présence. Il n'est absolument pas question pour elle d'endosser le rôle de soutien moral et encore moins affectif pour qui que ce soit, à moins que… Il n'est pas question non plus de subir les frustrations des individus qui ne font aucun effort pour se prendre en main. Elle se tient tout aussi loin des individus contrôlants qui cherchent à exploiter l'environnement. De façon générale, elle s'accorde le droit d'être peu tolérante envers ceux qui se montrent désinvoltes.

En raison de sa maturité émotive, il est difficile de l'influencer et encore plus de la manipuler. La vie est beaucoup trop importante à ses yeux pour perdre son temps avec des gens qui n'en valent pas la peine. C'est pourquoi la Fausse-Bitch cherche à se mettre hors circuit le plus souvent possible, en dehors des contingences de la norme sociale.

Comme vous pouvez le constater, ses priorités sont ailleurs! Elle choisit d'être en contrôle de sa vie en se préservant de l'entourage. Elle laisse ses réactions émotives au vestiaire, préférant endosser une forme de contenance face aux autres. Cela l'aide à se protéger des influences extérieures. Elle aime s'organiser seule, ce qui ne veut pas dire qu'elle ne fréquente jamais personne et qu'elle n'a pas d'amis. Femme de principes malgré ce que l'on pourrait croire, elle est aussi une femme de cœur. Cela est très peu visible en raison de son côté réfractaire facilement comparable à de l'hostilité. Il faut cependant se rendre à l'évidence : la Fausse-Bitch cherche principalement à s'entourer d'authenticité. Malgré son manque de civisme, à y regarder de plus près et quand on la connaît mieux, on est agréablement surpris !

En fait, c'est sa grande sensibilité qui aiguise son sens critique, et non un côté paranoïaque, comme certains se plaisent à l'insinuer. La Fausse-Bitch ne se cache pas des gens par peur, elle préfère tout simplement la solitude aux saltimbanques qui composent la foire sociale. Elle est loin d'être indifférente aux autres. Elle est capable de rapports chaleureux et compatissants avec les personnes qu'elle aime et admire. Elle sait se rendre disponible quand cela est nécessaire. Capable de réconforter humainement ceux qu'elle estime, elle ne se dérobe pas devant un ami qui semble en dérive.

À n'en pas douter, la Fausse-Bitch est distante, mais il est important de remarquer qu'elle ne se montre pas méprisante ni arrogante dans sa manière d'être ou de faire. Voilà l'une des différences fondamentales entre elle et la vraie Bitch. Malgré son attitude extérieure peu appréciée, son intérieur est tapissé de bonnes intentions. Par contre, ce qui est dérangeant pour les autres, c'est qu'elle est très sélective dans ses choix, parfois même de manière exagérée. Ce qui est loin de l'aider à se faire apprécier, malgré ses qualités. Son sens aiguisé de l'observation l'aide à faire une distinction entre les gens nuisibles et ceux qui sont convenables. Il est donc normal et courant que l'environnement se heurte à une forme de résistance de sa part. De la sorte, elle finit par inspirer les préjugés, et elle en subit les conséquences.

Victime de son attitude? Victime, bien sûr que non! Par chance, elle semble immunisée contre les méchancetés. En affichant le signal «ne pas déranger», elle établit clairement le fait que c'est de son propre chef qu'elle s'éloigne de ceux qui ne lui plaisent pas. La Fausse-Bitch est une individualiste qui cherche à préserver sa vie personnelle. Pour ce faire, elle reste dans l'ombre, empruntant une forme d'anonymat. Il est facile pour elle de s'imaginer vivre sur une île déserte, l'esprit libre de toute contrainte sociale.

Au fond, ce qu'elle cherche vraiment, c'est préserver l'estime qu'elle a d'elle-même, savoir se respecter tout en étant réaliste et intègre en ce qui a trait aux valeurs auxquelles elle croit. Celle-ci fait donc en sorte de ne pas déroger au code de vie qu'elle s'est donné. Cependant, même si elle dégage une grande assurance, elle possède néanmoins un côté existentialiste. Ce qui fait d'elle un être qui se pose de nombreuses questions. Le sens de la vie ou l'essence de son existence n'en finissent plus d'être retournés de tout bord tout côté. Malgré sa constante introspection, il est rare qu'elle perde pied face aux individus qui essaient de lui imposer leurs visions.

Même s'il n'y paraît pas beaucoup, c'est la Fausse-Bitch qui est la plus paradoxale d'entre toutes. Elle demeure discrète sur sa vie privée, ce qui a pour effet d'en agacer plusieurs. Cependant, lorsqu'une personne a la possibilité de la connaître un peu mieux, il n'est pas rare qu'elle découvre des aspects totalement insoupçonnés. La Fausse-Bitch aime le confort, mais ne s'entoure pas nécessairement de luxe. Ses amis sont en mesure de reconnaître sa simplicité et son bon goût. Elle privilégie ceux qu'elle aime, se montrant joviale et généreuse à leur égard.

Cependant, toute forme de promiscuité lui déplaît. Comme elle n'est ni volage ni frivole, les flatteurs n'ont pas beaucoup d'emprise sur sa personne. Les fausses promesses et les manipulations ne font pas long feu auprès d'une Fausse-Bitch. Celle-ci ne permet pas facilement aux hommes d'entrer dans son intimité. Cependant, elle sera portée à se lier avec un homme autonome qui possède des intérêts diversifiés. Le petit hic, c'est que tout au long de sa relation, elle n'en finit plus d'affirmer son besoin d'indépendance. Ce qui a pour effet, à certains moments, de déplaire à son conjoint. Sa liberté et son autonomie sont d'une grande importance pour la Fausse-Bitch.

Concernant le travail, il est primordial pour celle-ci d'avoir de l'estime de la part de ses supérieurs. Se retrouver sous les ordres de personnes expérimentées et compétentes lui plaît. Savoir qu'elles prennent à cœur les projets et qu'elles s'attardent aux moindres détails lui confirme leur bon jugement. Si elle sent autour d'elle des frictions ou des confrontations, elle n'est pas du style à s'interposer. Pour la Fausse-Bitch, cela n'est qu'un manque de maturité de part et d'autre. C'est pourquoi elle ne prend pas position. Il est rare qu'elle exprime son opinion ouvertement. Cependant, lorsqu'elle se trouve dans l'obligation de commenter une situation, elle fait en sorte de se montrer objective. Ce n'est pas elle qui cherchera à avoir le dernier mot.

Ce n'est pas le genre de personne qui redoute de se retrouver seule pour s'investir dans un projet. Grâce à sa vision personnelle et professionnelle, elle agit de façon conséquente avec les attentes. Prenant des initiatives, démontrant une grande efficacité, elle ne s'embourbe pas très longtemps quand un problème surgit. Lors d'une présentation devant un groupe, malgré le fait qu'elle expose un travail bien accompli, elle est consciente qu'il y en aura toujours pour contester ses initiatives. Elle a appris avec le temps à ne pas se soucier de leurs réactions. Compte tenu de son attitude générale, il est normal de voir ce qui en découle! Même si elle agit avec discernement et compétence, son but n'est pas d'obtenir un rayonnement social ou une certaine reconnaissance.

Vous ne verrez jamais une Fausse-Bitch perdre son temps à essayer de motiver quelqu'un qui ne démontre aucun intérêt dans son travail. Elle croit que c'est du temps perdu que de l'inciter à s'investir. À son avis, cette personne n'est tout simplement pas à sa place. En fait, la Fausse-Bitch n'apprécie pas la médiocrité. Ce qu'elle admet difficilement, c'est qu'un individu nuise à un projet à cause de son incompétence.

Quand cela se révèle important, elle ne se gêne pas pour faire connaître à la personne en question la responsabilité de ses actes et les conséquences. Comme elle déteste les sous-entendus et les contextes ambigus, elle s'organise pour clarifier les situations sans rien laisser traîner au hasard. Ce qui paraît fort dérangeant pour certains. Son intégrité y est pour quelque chose, c'est pourquoi elle a besoin de transparence et d'authenticité autour d'elle. En mesure de reconnaître la loyauté, quand elle en a la possibilité, elle s'entoure d'une bonne équipe. Même si elle donne l'impression d'être de nature compétitive, elle ne l'est pas. Ce qu'elle vise avant tout sur le plan professionnel, c'est de pouvoir se réaliser en tant qu'individu. Le potentiel qui l'habite et ses différentes affinités s'unissent généralement à un vaste champ d'expertise. Il n'est pas rare que la Fausse-Bitch soit attirée par les arts et la culture, l'histoire et les voyages. C'est le style qui aime faire de nouvelles découvertes. Ce qui revient à dire qu'elle est peut-être fermée sur le monde, mais ouverte sur l'univers! De là son grand besoin de liberté et d'autonomie.

Faut-il craindre la Fausse-Bitch?

Ce n'est pas une Bitch, c'est une Fausse-Bitch… Il est normal que les gens se méfient d'elle, puisque son attitude les laisse indécis sur ses intentions. Est-elle aussi rébarbative qu'elle le paraît? Le fait-elle exprès dans le seul et unique but de provoquer des réactions? Si vous avez l'œil averti et le jugement éclairé, vous constaterez qu'elle se mêle de ses affaires. Si sa manière d'agir ne plaît pas à la majorité des gens, c'est parce qu'elle ne cherche pas à les inclure dans sa vie. Il est incompréhensible pour son entourage qu'elle ose se montrer si indifférente sur le plan social. Sa façon d'être est comparée à une forme d'insulte.

Faut-il vraiment la craindre? Ceux qui sont incompétents et irresponsables doivent s'attendre à peu de compréhension de sa part. Ils vont tout simplement récolter ce qu'ils méritent: moins que rien! Lorsque vient le temps de dire les quatre vérités à un individu, ce n'est sûrement pas son statut social qui la rendra mal à l'aise. Peu impressionnable, si elle doit se défendre, elle est en mesure d'en surprendre plus d'un. Ses propos peuvent s'avérer dévastateurs pour ceux qui lui chercheraient des problèmes. Il est rare que la Fausse-Bitch attaque en premier. Mais quand il est question de mettre à nu une attitude répréhensible ou une escroquerie, ce n'est pas elle qui va se gêner. La justice étant l'un de ses étendards, elle fait peur à certains individus. Ils sentent très probablement qu'elle est de nature à réagir autrement que les autres. Mais ce qui les tracasse sûrement davantage, c'est le fait de ne pas savoir comment et quand elle mettra cartes sur table. Comme elle n'est pas du style à frimer devant ceux ou celles qui affichent des *pokers faces*, c'est toujours un risque pour eux de se retrouver dans son environnement. Les autres, n'ayez crainte, elle ne dévoile pas les adultères... Elle se mêle de ses affaires!

CHAPITRE 2

Comparaisons entre les différents types

Tempérament, caractère et personnalité

Avant de faire des comparaisons entre les différents traits de caractère de la Biche, de la Fausse-Biche, de la Bitch et de la Fausse-Bitch, il est important de prendre connaissance du rôle joué par leur tempérament. Cet élément est déterminé principalement par l'aspect physique et physiologique de chacune d'elles. C'est la génétique, c'est-à-dire l'hérédité inscrite dans leurs gènes, qui définit leur taille, leur poids, leur ossature et leur morphologie. En premier lieu, la fonction du tempérament est d'influencer les réactions et le comportement des individus. À la base, les traits de caractère se trouvent donc liés au tempérament. Cependant, il n'est pas rare qu'en cours de route l'ascendant familial ou social interagisse et modifie certains traits de caractère. Cela peut se révéler favorable, mais peut aussi bloquer le potentiel de la personne concernée.

La personnalité, quant à elle, correspond à l'image que la personne projette sur le plan social. Le style de vêtements qu'elle porte, son timbre de voix, sa démarche ainsi que ses mimiques sont des éléments qui reflètent sa personnalité. À partir de ces données, il est possible d'évaluer ou d'analyser à quel type de tempérament un individu appartient. À la base, il existe quatre tempéraments, chacun ayant des besoins et des attentes bien différents : les rationnels, les actifs, les émotifs et les sensitifs. Cependant, il n'est pas rare de voir des gens affichant des tempéraments mixtes, par exemple un émotif-actif, un rationnel-sensitif ou un actif-sensitif.

Concernant la Biche, la Fausse-Biche, la Bitch ainsi que la Fausse-Bitch, c'est le côté négatif de leur caractère et de leur personnalité que j'ai surtout voulu mettre en évidence. Chacune étant très particulière, j'ai tenu à les décrire dans toute leur splendeur!

La Biche comparée à la Fausse-Biche

La Biche est de tempérament émotif, c'est pourquoi un rien la fait réagir. Elle vit instinctivement ses émotions sans être en mesure de contrôler ses réactions. Devant une situation tant agréable que désagréable, vous verrez aussitôt l'impact sur sa personne. Selon le contexte où elle se trouve, la Biche change invariablement d'attitude. Sa nature émotive la rend très influençable, ce qui fait d'elle une personne vulnérable sur différents points.

La Fausse-Biche se rapproche davantage du côté malsain du tempérament rationnel. Elle fait en sorte de planifier et d'organiser sa vie selon ses propres critères, sans égard pour les autres. Ce qui est important pour elle, c'est d'avoir un certain pouvoir sur l'environnement. De cette manière, elle s'assure de protéger ses propres intérêts. Conséquemment, les gens autour d'elle se font manipuler. Les moins avisés finissent par répondre à tous ses caprices. Tout étant mûrement réfléchi, ce n'est pas son genre de perdre la maîtrise de la situation. La Fausse-Biche ne se presse pas pour agir. Elle joue à celle qui ne comprend pas, qui ne sait pas. Mais quand le moment lui paraît favorable, cette rationnelle va chercher sa ration avec brio. Et ce n'est pas elle qui va se contenter de simples miettes!)

Il est évident que la Biche a besoin des autres pour fonctionner. Ce qui n'est pas le cas de mademoiselle la Fausse-Biche.(Celle-ci s'organise pour que l'environnement la perçoive comme dépendante. Devant son semblant de comportement maladroit, les gens sont portés à lui faciliter la vie. Cependant, en ce qui la concerne personnellement, elle est en mesure de se suffire à elle-même. Cela représente l'une des différences majeures qui existent entre elles.)

(Il arrive bien souvent que la Biche manque de jugement. Elle va vers les autres sans prendre le temps d'évaluer le contexte. Loin d'être sélective, elle paraît, à juste titre, innocente aux yeux de certains. Ce qui n'est pas le cas de la Fausse-Biche. Même si cette dernière joue sur son image afin de faire croire qu'elle est ignorante, elle agit de façon intelligente! Elle sait s'entourer de personnes qui possèdent les ressources appropriées en fonction de ses attentes. Pour y arriver, elle use de la candeur si caractéristique de la Biche. Toutefois, la différence se situe dans son habileté et sa capacité à utiliser les gens qui peuvent l'aider à subvenir à ses besoins.)

(Même si la Biche dégage un petit côté femme-enfant, elle aime bien sentir qu'elle fait de l'effet sur l'environnement.) Malgré tout, elle s'attarde moins à son apparence que la Fausse-Biche. Pendant que celle-ci bat des cils pour séduire un homme,(la Biche bat de l'aile, préférant endosser le rôle de victime. Il arrive parfois qu'elle se prenne pour la Petite Sirène.)Mais étant limitée dans ses capacités, à vouloir aider les autres, elle s'y perd elle-même! Pour la Fausse-Biche, c'est le cygne qui semble le plus approprié pour servir sa cause. Celui-ci correspond davantage au plaisir qu'elle ressent lorsqu'elle entame son chant… le chant du cygne!

La Fausse-Biche a compris depuis longtemps qu'être amie avec une Biche est un atout majeur pour elle. Cela la rend moins menaçante aux yeux des gens, car son attitude se confond avec celle de la Biche. Elle peut ainsi faire des ravages pendant qu'on la perçoit comme gentille et honnête. Même si elles sont différentes, grâce à sa finesse d'esprit, la Fausse-Biche réussit à se rendre crédible. Cependant, l'interprétation de son langage corporel peut faire la différence. Il arrive que la Fausse-Biche baisse la garde, il est alors possible de constater une certaine raideur dans ses mouvements; même son timbre de voix change, il devient moins mielleux.

 # La Biche comparée à la Bitch

La Biche compose avec son image de colombe, pendant que la Bitch se compare au phénix. Malheureusement pour nous tous, cette dernière a la capacité de renaître de ses cendres! Par son attitude, la Biche n'agit pas de manière provocante. Ce qui n'a rien d'équivalent à l'approche aguichante de la Bitch. Alors que la première se tait ou se défile, la seconde confronte et humilie. La différence est de taille puisque la Biche, petite princesse, est loin de faire le poids devant cette fameuse diva. À vrai dire, la Biche peut être de bonne compagnie, mais la Bitch représente le pire cauchemar pour tout genre d'individu.

Leur histoire peut facilement se confondre avec le conte *Blanche-Neige* ou *La Belle au bois dormant*. Mais il existe une différence marquante dans la réalité. C'est que la Bitch ne sent ni le besoin ni la nécessité de se présenter autrement que sous son vrai jour. Pas de déguisement, et aucune fausse représentation : elle laisse ce stratagème à d'autres. Pourquoi se ferait-elle agréable aux yeux de la Biche? En raison de son innocence, celle-ci ne porte même pas attention au manque de délicatesse de la part de la Bitch. Que ce soit sa façon désinvolte d'agir ou le fait qu'elle envahisse la place, la Biche défend le comportement de la Bitch, qu'elle trouve « correcte ».

Vous avez peut-être eu l'occasion d'entendre s'exprimer une Biche? Mais avez-vous déjà entendu rugir une Bitch? Vous vous en souviendriez très certainement! L'une est sans grande envergure, mais l'autre, sans vergogne, ne se gêne pas pour invectiver les gens autour d'elle. Ce qu'il en ressort, c'est que la Biche se manifeste pudiquement et que la Bitch le fait publiquement, sans aucune pudeur!

La Biche comparée à la Fausse-Bitch

La Biche, qui affiche un tempérament émotif, réagit facilement à toute influence extérieure. Celle-ci apprend difficilement à se préserver des conséquences engendrées. Le fait de se retrouver en contact avec une Fausse-Bitch peut lui apporter l'exemple d'une certaine réserve. Je dis bien l'exemple… De là à penser que la Biche changera d'attitude pour autant, ce n'est pas demain la veille qu'elle réussira! Il est visible que l'une se rapproche davantage du comportement d'une femme-enfant et que l'autre s'identifie à une adulte plus expérimentée. Telle une enfant, la Biche a tout à apprendre de cette adulte que représente la Fausse-Bitch. Toutefois, comme bien d'autres, elle continuera à faire à sa guise.

À l'occasion, vous verrez la Fausse-Bitch conseiller la Biche en lien avec son travail. Elle lui donnera certaines informations concernant les démarches à suivre pour lui faciliter la tâche. Cependant, en aucun temps la Fausse-Bitch ne fera le travail à sa place. Ce n'est pas son genre d'agir de cette façon. Le but visé n'est pas de secourir cette femme-enfant, mais de lui apprendre à acquérir plus d'initiative et plus de maturité. Mais peine perdue! Malgré le fait que la Biche soit attendrie par une telle attention, elle ne prendra pas note des conseils de la Fausse-Bitch. Ce qui ne créera aucun impact au bout du compte. C'est donc un éternel recommencement de la part de la Biche.

Une fois de plus, elle demandera le secours d'une autre personne aussitôt qu'elle sera démunie. De ce fait, en d'autres circonstances, il ne sera plus question pour la Fausse-Bitch d'intervenir auprès de celle-ci. Comme la petite Biche n'a pas su démontrer l'intérêt approprié concernant ses recommandations, eh bien… meilleure chance la prochaine fois!

 # La Fausse-Biche comparée à la Bitch

Disons d'entrée de jeu que la Fausse-Biche est hypocrite, elle agit dans l'ombre en profitant de la naïveté des gens. De plus, elle sabote l'environnement aussitôt qu'une personne entrave son chemin. L'approche de la Bitch diffère quelque peu, celle-ci ne sent pas le besoin de se dissimuler pour agir. Elle n'a pas peur de présenter son vrai visage à la face du monde. La Bitch règle ses comptes en un tour de main, de façon beaucoup plus draconienne que la Fausse-Biche. Ceux qui ont déjà connu une Bitch préfèrent se cacher plutôt que de la subir. (Certains savent à quoi s'attendre, mais dommage pour les autres qui n'ont pas encore eu le « plaisir » de la rencontrer. Nul doute qu'ils s'en souviendront pendant longtemps)

(En présence l'une de l'autre, la Fausse-Biche n'aura pas le cran de jouer son jeu habituel. Elle sait que la Bitch ne tarderait pas à découvrir ses manigances. C'est pourquoi elle préfère s'éclipser pendant une certaine période) De toute manière, dès la première rencontre, la Bitch n'en ferait qu'une bouchée ! Mais ce n'est pas ce que la Fausse-Biche redoute le plus de la part de celle-ci. En fait, (si elle se fait discrète en sa présence, c'est tout simplement pour ne pas se voir démasquée aux yeux de tous) Elle ne pourrait plus compter sur leurs appuis si ses vraies intentions étaient ouvertement divulguées.

(Il n'en demeure pas moins que l'une comme l'autre ne sont que des mauvaises graines) Pourtant, les gens n'ont qu'une idée en tête : les planter ! Les côtoyer nous fait découvrir des traits insoupçonnés de notre caractère. Il naît en nous des sentiments auxquels nous aimerions mieux ne pas nous identifier. Une fois le choc passé, c'est long avant de pouvoir nous remettre de nos émotions. Il est à espérer que la leçon porte ses fruits !

La Fausse-Biche comparée à la Fausse-Bitch

Mettez en contact une Fausse-Biche avec une Fausse-Bitch, et les gens iront vers la première. Comparant la douceur de la première à la froideur de la seconde, ils opteront naturellement pour la plus « gentille » des deux. Néanmoins, le doute peut s'installer chez certains d'entre eux qui se montrent méfiants devant une attitude si agréable.

Un revirement de situation ne tarde alors pas à se faire sentir. Pour ceux qui osent réévaluer son comportement, il est entendu qu'ils finissent par saisir à quoi rime sa conduite. Ayant leur leçon, il n'est plus question pour eux de fréquenter quelqu'un d'aussi sournois. En conséquence, la dynamique déjà établie avec la Fausse-Biche s'effondre, comme la personne qui a cru en l'honnêteté de celle-ci.

Manipulatrice comme pas une, son «amitié» donne à réfléchir, c'est un pensez-y bien! Les gens qui ont déjà vécu ce genre d'expérience dans un contexte similaire se tournent sans hésitation vers la Fausse-Bitch. Même si elle n'est pas du genre à fraterniser comme ils le souhaiteraient, ils savent maintenant reconnaître sa droiture. Sa froideur leur apparaît sous un jour différent. Ils prennent en considération sa façon de se montrer discrète. Cependant, ce n'est pas la Fausse-Bitch qui va s'en réjouir. Personne ne doit s'attendre à ce qu'elle change de comportement pour autant. Même si des gens continuent à se montrer perplexes devant son attitude, elle se moque bien de leur révéler les vraies intentions de la Fausse-Biche. Elle croit qu'il sera toujours temps pour eux de les découvrir à leurs dépens. Et tant pis pour ceux et celles qui s'embourbent dans les rouages de leur «amie» la Fausse-Biche! Ceux qui la suivent à la trace et font ses quatre volontés ne savent pas se respecter. C'est le cas entre autres de la si «charmante» petite Biche.

 ## La Bitch comparée à la Fausse-Bitch

La Bitch endosse l'aspect négatif du tempérament actif. Vu sa désinvolture et son branle-bas de combat, les situations explosives n'en finissent plus avec elle. Penser que les gens s'ennuient en sa compagnie… pas vraiment. Dire qu'ils se retrouvent tous sur la défensive serait plus exact! Le tempérament actif a pour habitude de s'investir dans plusieurs projets à la fois. Mais concernant la Bitch, celle-ci s'intéresse à plusieurs occasions en même temps. Grâce à son ingéniosité, elle n'est jamais prise au dépourvu. Ses nombreuses manœuvres font en sorte qu'elle est en mesure de rivaliser avec toute personne. Toutefois, la concurrence chez la Fausse-Bitch ne se fait pas sentir. Elle ne cherche pas à provoquer des situations malencontreuses. De par son tempérament sensitif, ce qu'elle désire en tout premier lieu, c'est la paix et l'harmonie.

La différence entre la Bitch et la Fausse-Bitch est leur implication sociale et le degré d'attention qu'elles y accordent. Pendant que l'une se maintient en tête de liste, l'autre ne veut se retrouver sur aucune liste. Le seul trait qui semble les relier sur le plan social est le fait que toutes les deux n'aient pas l'habitude ni l'intention de faire des compromis. Le tempérament actif et le tempérament sensitif sont diamétralement opposés. L'intérêt de la personne active, la Bitch, la pousse vers la nouveauté et la compétition, tandis que l'intérêt de la personne sensitive, la Fausse-Bitch, la porte moins à remuer ciel et terre pour se réaliser. Une autre des caractéristiques de la Bitch est de penser que le monde lui appartient et lui doit tout. La Fausse-Bitch, elle, ne veut rien devoir à personne. De façon générale, comme elles sont aux antipodes l'une de l'autre, elles ne sont pas vraiment faites pour s'entendre, encore moins pour se fréquenter.

CHAPITRE 3

Comment se défaire de ces indésirables ?

Quand vient le temps de vous débarrasser d'une indésirable, telle qu'une Bitch, ne soyez pas surpris de voir surgir une multitude de conseils. Certaines personnes ont à cœur de vous rendre service et se donnent le mandat de vous soumettre quelques « bons trucs ». Dû au fait qu'elles se sont déjà retrouvées en mauvaise posture, elles veulent vous faire profiter de leurs expériences passées. Ces gens ne manqueront pas d'élaborer leur idée sur le sujet, prenant en exemple leur propre vécu. Comparant leur situation à la vôtre, ils dresseront une longue liste de leurs recommandations. Mais comme personne n'est identique et que chaque situation se présente différemment, il est intéressant de faire un tour d'horizon sur les méthodes présentées.

Vous devez prendre note du fait que pour chacun des avertissements qu'il vous est donné de recevoir, il existe des impacts. Il est donc important de connaître les risques que peuvent occasionner vos choix. Bien entendu, il y a des contextes qui nous rendent totalement mal à l'aise et même malades. Malheureusement, ces situations ont le don de précipiter nos réactions. Trop émotifs, incapables de prendre un certain recul, il arrive que nous choisissions la mauvaise option.

Alors, quelle est la meilleure chose à faire ? Négocier, confronter, s'éloigner… ? Selon les dires de certains, il est préférable de se soumettre, sinon la situation s'envenime. Pour d'autres, faire comme si de rien n'était constitue la meilleure attitude à adopter. Mais quand c'est à vous que revient la décision, vers quel critère va votre choix ? Vous permettre de voir la situation sous des angles différents s'avère important.

Cela vous aidera à ne rien bousculer, car il est nettement préférable de ne pas agir sur un coup de tête !

 # Les suggestions et les possibles résultats

Quand, dans votre milieu de travail, vous vous retrouvez dans l'obligation de demander un renseignement à une Bitch, n'attendez pas la fin de ses explications, tournez-lui le dos aussitôt que vous détenez la partie la plus importante de l'information.

Agir de la sorte, c'est comme si vous lui faisiez savoir que vous n'accordez aucune importance à sa petite personne. Vous espérez ainsi lui démontrer qu'elle n'a pas grand poids à vos yeux. Elle ne représente qu'une simple référence, rien de plus. Mais attention, car en fonction de comment elle vous évalue, vous risquez gros ! Vous lui offrez la possibilité dans d'autres circonstances de vous répondre par la bouche de ses canons ! Il ne faut jamais, au grand jamais, sous-estimer les réactions de la Bitch. Agir comme si elle n'était pas importante est le meilleur moyen pour que *vous* deveniez important à ses yeux !

* * *

Lorsqu'une Bitch vous pose une question, faites-la-lui répéter une deuxième fois, comme si vous n'aviez pas prêté attention à sa présence. Certains vous proposeront également de faire semblant d'être très absorbé par votre travail.

Ce type de réaction a pour but de lui faire comprendre qu'elle est invisible en ce qui vous concerne. Quelqu'un vous demande s'il y a une Bitch dans les environs ? Non… vous n'avez vu personne de tel. Si vous croyez que votre air absent va la décontenancer! Croire que par votre attitude elle n'aura pas d'emprise sur vous, c'est bien mal la connaître. Personne ne doit lui résister et encore moins avoir le dessus sur elle. Attendez quand viendra votre tour…

* * *

Quelqu'un vous a peut-être conseillé d'être souriant en présence d'une Bitch? Vous montrer affable à l'égard de sa personne paraît la meilleure solution?

Cette garce est loin d'être dupe. Elle détectera facilement que vous ressentez une certaine antipathie à son égard. C'est dans ce genre de situation que la Bitch en profite pour se faire haïr davantage. Alors, comme chez bien d'autres, votre beau sourire ne tiendra pas longtemps la route. Cependant, il est clair qu'elle s'organisera pour que l'agressivité vous envahisse. À partir de ce moment, vous aurez toutes les raisons du monde pour la détester.

* * *

D'autres, cherchant à vous aider, mentionneront qu'il est préférable de vous ajuster à ses attentes, à toutes ses attentes! Ne pas lui résister est tout à fait approprié puisque ce ne sont que des caprices passagers. Elle finira par se calmer tôt ou tard. Qui n'a pas, à l'occasion, de petites lubies ou des fantaisies? Alors, pourquoi ne pas lui faire plaisir? Cela jouera certainement en votre faveur…

Tant qu'à faire, ne manquez pas de flatter son ego! Mais comment allez-vous vous cuirasser contre ses états d'âme qui changent continuellement sans crier gare? Vous n'avez pas à subir ni à payer les conséquences de ses sautes d'humeur. Il faut apprendre à vous en protéger. Soyez conscient que si vous êtes en présence d'une Bitch qui fait son cinéma, cela est loin d'être comparable aux demandes d'une Fausse-Biche. La diva prend toute la place en écrasant l'entourage. Avant de vous retrouver asphyxié, prenez une grande respiration. Si vous avez la malencontreuse idée de lui dire oui une fois, c'est comme si vous veniez de lui signer un chèque en blanc. Elle vous gardera en réserve, s'octroyant certains droits sur vos disponibilités.

* * *

Probablement qu'une approche totalement opposée vous sera également suggérée. C'est ainsi que des individus vous inciteront à ne rien lui céder. Selon eux, prendre le taureau par les cornes semble la conclusion finale. Lui montrer que vous êtes en mesure de lui tenir tête lui fait savoir qu'elle ne s'adresse pas à n'importe qui!

Ce n'est pas parce que vous voyez rouge que vous devez sauter dans l'arène! Vu votre trop grande émotivité, ce n'est peut-être pas l'option à considérer que de prendre le taureau par les cornes. Il est vrai qu'elle en possède, mais ce ne sont pas celles d'un taureau. Ce n'est pas pour rien que certains la nomment la diablesse…

* * *

Pourquoi ne pas envisager de la confronter devant votre patron? Bien entendu, vous aurez au préalable pris soin de monter un dossier sur son comportement désobligeant. Elle ne pourra en aucun cas nier les évidences.

Si vous avisez votre supérieur que la Bitch du bureau cherche à vous intimider, bravo s'il écoute vos doléances! Un autre bravo s'il accepte d'être en sa présence pour discuter de *vos* revendications! S'il y a un suivi et qu'un résultat favorable en découle, j'en serai heureuse pour vous. Toutefois, je ne veux pas crever votre bulle… Qu'arrivera-t-il si votre patron est un irresponsable et un incompétent en matière de relations humaines? Si, pour toute réponse, il vous demande de vous ressaisir ? S'il vous dit que ce ne sont que des enfantillages de votre part, qu'allez-vous ressentir ? Vous éprouverez alors une forme de trahison et de frustration. Ne pas être entouré par des gens qui sont en mesure de vous appuyer dans vos démarches sera très décevant.

* * *

Si vous vivez des injustices à cause d'une Bitch et que le rôle de victime ne vous intéresse pas, vous chercherez sans doute à la confronter. Que le patron soit présent ou pas, pour vous cela ne fera aucune différence. Si vous réussissez, sans faiblir, à lui décrire toutes les méchancetés qu'elle vous fait subir ; si vous lui signifiez que des recours seront pris contre ses mauvaises intentions ; si vous croyez que la partie est gagnée parce que vous avez pris les devants... alors protégez vos arrières !

Soyez avisé que si vous la prenez ainsi de front, elle réagira très certainement. Comme la Bitch ne laisse rien passer, elle optera probablement pour l'une de ses approches préférées : le « œil pour œil ». Ce sera le cas de dire que dans toute cette affaire, vous n'y verrez plus rien !

* * *

Certaines personnes sont en mesure de ne pas attirer l'attention sur elles. Des genres de *nobody* qui manquent totalement de confiance en eux. Ils ne font que passer, la tête basse et le pas lent. La Bitch ne les prend pas en pitié malgré leur allure quelque peu pitoyable. Elle en profite pour les ridiculiser, juste pour le plaisir de la chose.

Ce type de personnes aime croire que se rendre invisible à ses yeux représente une excellente solution. Il est vrai qu'il est nettement préférable de lui filer entre les doigts plutôt que de filer un mauvais coton ! Mais si c'était aussi efficace d'avoir l'air opprimé, tout le monde adopterait cette allure. Faire en sorte de déplacer le moins d'air possible, ne pas chercher à faire éclater la vérité, et surtout ne pas exprimer son opinion haut et fort. Ce serait un monde de rêve de pouvoir échapper ainsi à la vigilance et au contrôle d'une Bitch!

CHAPITRE 4

Comment réagir
à leur caractère et
à leur personnalité?

Alors, parmi toutes les solutions proposées, quelle est la plus favorable? S'il en existe une… Comment éviter les conflits? Comment les résoudre? Quelle est la meilleure des attitudes à adopter? Du moins, est-il possible de nous protéger contre les agissements d'une Bitch? Sommes-nous aussi impuissants qu'il n'y paraît? À partir de la panoplie de conseils formulés par l'entourage, vous avez le choix d'opter pour celui qui vous semble le plus approprié. Mais si aucun ne donnait le résultat escompté?

En fait, il n'y a pas de recette universelle puisque chaque cas dépeint une situation différente. Il n'existe aucune formule magique contre une telle infamie. Mais si vous subissez des atteintes sur le plan psychologique ou émotif liées à la conduite d'une personne indésirable, le premier élément à prendre en considération est de ne pas perdre votre temps à vivre d'espoir. La mentalité qui veut que le temps arrange les choses ne se confirme absolument pas en présence d'une Bitch. Bien au contraire, tout s'aggrave! Il est donc important de garder votre énergie pour vous.

La vie étant ce qu'elle est et les gens étant ce qu'ils sont… Ce qui se produit fréquemment, c'est que plus une personne se débat face à une Bitch, plus elle faiblit émotivement. Une fois bien ébranlée, elle ne possède plus suffisamment de force pour y voir clair. Par le fait même, cette personne n'est pas d'attaque pour se remettre en question. Elle se dit probablement que pour l'instant, ce n'est qu'une bataille de perdue, mais que la guerre n'est pas finie! À travers tout ce marasme, il faut être drôlement culotté ou férocement conscient de qui l'on est pour ne pas se laisser intimider.

La majorité des gens assument mal la responsabilité qui est celle d'apprendre à se connaître. Porter un jugement objectif sur soi demande de la franchise en ce qui regarde nos manques et nos propres écarts de conduite. C'est loin d'être immoral que de mettre à nu la situation dans laquelle nous sommes embourbés. Cependant, nous ne devons faire preuve d'aucune indulgence à notre égard. Il faut être circonspects sans chercher à nous défendre par des « oui, mais… ».

La rencontre fatidique avec une Bitch nous offre la possibilité de mesurer notre coefficient d'équilibre émotif. Dites-vous bien que cette situation difficile émotivement est une période qui peut s'avérer favorable pour prendre conscience de vos faiblesses. Vous pourriez en profiter pour franchir une étape importante sur ce plan. Servez-vous de la situation pour faire un bilan honnête de votre vie personnelle. Cela fait référence aux situations difficiles que vous avez déjà vécues par le passé. Comment avez-vous réagi alors? Avez-vous appris quelque chose sur vous-même? Avez-vous délaissé certains de vos projets?

Pour retrouver notre intégrité, il convient tout d'abord de nous respecter. Pour ce faire, nous devons réviser nos rêves, ils doivent prendre davantage la forme de projets. Nous ne devons pas lésiner sur les différentes possibilités pour les mettre à profit. Réviser nos priorités, nos choix, nos valeurs n'est pas une mince affaire, vous en conviendrez. La vie a le don parfois de nous placer dans une position telle que nous n'avons d'autre choix que de réagir dans les plus brefs délais. Malheureusement, le destin oublie de nous donner la marche à suivre. Nous n'avons alors comme seule porte de sortie que de nous en remettre à nous-mêmes. Chaque échelon, chaque étape n'a d'autre but que de nous engager vers plus d'équilibre émotif. « Et si c'était vrai? ... »

J'aimerais vous proposer *la* solution qui réglerait toutes les situations désagréables. Mais la meilleure des options, celle en laquelle je crois, n'est pas la plus facile. Elle consiste à retrouver en vous-même votre zone de confort et de bien-être. Votre intériorité est un espace qui vous appartient, vous êtes le seul maître à bord! Lors d'une tourmente, si vous êtes mal préparé, il y a de bonnes chances que vous soyez emporté à la dérive. De plus, si vous n'êtes pas en mesure de bien évaluer la personne que vous êtes, vous risquez un dur naufrage. C'est pourquoi il est préférable de suivre certaines règles de base.

Première règle: tenter de comprendre. Quand la personne qui nous nuit ne semble pas vouloir comprendre, c'est à nous de comprendre! Cela nous revient personnellement de nous prendre en main. Le moment s'avère peut-être propice pour maîtriser davantage certains aspects de notre vie.

Deuxième règle: prendre le ou les moyens qui nous paraissent les plus appropriés pour nous connaître davantage. Toutefois, il faut avoir une vraie motivation!

Troisième règle: savoir apprécier les plaisirs qui sont à notre portée, que ce soit de petits agréments ou de grandes folies, quand nous pouvons nous les permettre. Si je vous mentionne aussi qu'il serait favorable de revisiter votre intérieur, en y créant plus de confort et de bien-être, ce n'est ni à votre maison ni à votre appartement que je fais référence: c'est de votre corps qu'il s'agit. Pourquoi ne pas lui accorder du temps, à lui aussi?

Les autres règles vont suivre. Selon vos traits de caractère, il y a peut-être matière à trouver des solutions à certains de vos problèmes.

Les réactions et les solutions selon les traits de caractère

Comme vous avez pu le constater, il est possible de magasiner des conseils à droite et à gauche. Toutefois, il est plus approprié, dans un premier temps, d'évaluer et de reconnaître la personne que vous êtes. Ce qui définit votre manière de réagir devant une Bitch et compagnie, ce sont les traits de votre propre caractère. Donc, malgré toute la bienveillance et tous les bons conseils de chacun, vous ne pouvez nier vos réactions habituelles. Chaque individu a des réflexes qui lui sont personnels. Selon son éducation et ses influences sociales, la personne adopte une ligne de conduite en conséquence. C'est par la compréhension et la définition de vos caractéristiques que vous pouvez prévoir en partie vos réactions.

Plus vous êtes conscient des faiblesses liées à certains traits de votre caractère, plus vous pouvez réagir avec maturité. Sachant quelle attitude ou quelle réaction vous nuit, il vous est possible de vous réajuster en fonction du but visé. Vous appartenez à quel genre? Quel est l'élément qui vous rend tout particulièrement vulnérable devant une Bitch?

Les pages qui suivent feront la lumière sur ce genre d'interrogations. Cela vous donnera l'occasion de découvrir à quel type vous correspondez. Que ce soit le sensitif, le rationnel, l'actif ou l'émotif, vous trouverez les explications relatives aux comportements et aux réactions de chacune de ces personnes. Après avoir pris note des différences existant entre elles, il vous sera aisé d'admettre ou de contester ce qui vous décrit le mieux. Des surprises peuvent s'y cacher, des choses que certains préfèrent ignorer… Cela va de soi, car cela décrit parfaitement bien leur caractère. L'un accepte de plaider coupable et l'autre ne reconnaît aucune de ses lacunes!

LA PERSONNE SENSITIVE

La personne de nature sensitive possède une vive imagination et une grande créativité. Il n'est donc pas rare de la voir s'orienter dans le domaine des arts et de la culture en général. Curieuse, elle aime découvrir et expérimenter pour son propre plaisir. Comme elle apprécie la diversité dans plusieurs domaines, il est normal qu'elle touche un peu à tout. À travers les projets qu'elle entreprend, elle va selon son rythme. Il n'est pas question de se faire bousculer par un milieu auquel elle ne s'identifie pas. De toute façon, elle préfère travailler comme contractuelle, souvent à la pige. Comme c'est une visionnaire, grâce à sa sensibilité, ses besoins sont différents de la norme. L'originalité de sa pensée est loin de faire l'unanimité chez les individus à l'esprit cartésien. Sensible aux atmosphères, elle se fie à son intuition plus qu'à des éléments qui ont déjà fait leurs preuves. C'est pourquoi il est préférable pour elle de vivre sans être encadrée par des critères qui entravent sa liberté. Son indépendance est sa priorité. Pour agir, elle préfère ne compter que sur elle-même.

Ce qui s'avère important à ses yeux, c'est de se sentir libre dans ses choix. D'un certain point de vue, ce qui lui fait défaut, c'est qu'elle a une certaine difficulté à travailler en groupe. La personne sensitive a besoin de s'isoler pour se sentir plus efficace. Elle croit que le temps venu, chacun, selon son propre potentiel, peut apporter sa touche personnelle. «Tous pour un et un pour tous», mais en temps voulu! Cela représente bien sa mentalité en ce qui a trait au travail d'équipe. En ce qui concerne sa réalisation personnelle, elle se fie à son intuition. Quand certains cherchent à contrecarrer ses plans, elle ne sent pas le besoin de se justifier. Toutefois, sa réaction sera de s'éloigner de ceux qui se révèlent contrôlants. Il arrive qu'elle se montre réfractaire aux indésirables et aux indiscrets.

Par contre, malgré ses capacités et ses idées avant-gardistes, il lui arrive de manquer de confiance. Elle s'empêche alors d'aller de l'avant tant et aussi longtemps qu'elle n'a pas fait un genre d'introspection. Plus introvertie qu'extravertie, à certains moments la personne sensitive se retire pour se retrouver seule avec elle-même. Peu importe le contexte, elle ne sent pas le besoin de prendre la première place, encore moins toute la place!

Elle a pour habitude de s'entourer de peu d'amis. Cependant, ils doivent vibrer au même diapason qu'elle, c'est-à-dire pour les mêmes intérêts. Dans l'ensemble, comme chez tout bon individualiste, sa philosophie de vie se démarque de façon particulière. Le critère pour se faire ami avec la sensitive est d'être authentique. Penser et dire doivent avoir les mêmes résonances. Son côté sensible apprécie de se retrouver en compagnie de personnes qui manifestent cette qualité. Elle peut ainsi échanger avec elles sans crainte d'être jugée. Sa réceptivité a besoin d'être nourrie par des gens qui sont aussi passionnés qu'elle. Ceux qui font des recherches, des découvertes ont toute son admiration.

Les caractéristiques de la personne sensitive peuvent être définies à partir de sa patience, de sa capacité de concentration et de son imagination. Peu exigeante, elle recherche principalement la paix et l'équilibre émotif, sans oublier la liberté. Paraissant calme à l'extérieur, en raison de sa grande réceptivité, elle peut être nerveuse et stressée intérieurement. Même si elle ne s'impose pas, celle-ci ne manque pas de s'investir à fond. Il arrive que cette délicate sensible ait la nette impression de ne pas être née à la bonne époque, soit trop tôt ou sinon trop tard. C'est l'une des raisons qui font en sorte qu'elle possède un petit côté existentialiste. Ce qui n'aide en rien à la compréhension de certains individus à son égard. Il est vrai qu'il est parfois laborieux de la saisir. À travers toutes ses implications, il est difficile de trouver le fil conducteur.

Sa réaction habituelle face à une Bitch

De prime abord, la personne sensitive n'est pas du style à faire confiance. De nature plutôt méfiante, il n'est pas question qu'elle fonce tête première devant une Bitch. Comme elle se mêle peu aux autres, elle a l'avantage de pouvoir observer la réaction de chacun. Quand elle voit la désinvolture caractéristique de la Bitch, elle fait en sorte de ne pas se retrouver à ses côtés. Lorsqu'elle se rend compte de la manière dont la Bitch traite l'entourage, la sensitive ressent fortement la précarité de l'atmosphère ambiante. Les turbulences vécues par les gens l'affectent, même si elle n'en subit pas directement l'impact.

La personne sensitive perçoit l'humiliation de ses confrères et consœurs de travail. Elle se préoccupe des solutions à apporter. En fait, elle pense aux autres avant de penser à elle. Son petit côté protecteur et sauveur y est pour quelque chose. Ce qui ne lui facilite pas la tâche, c'est quand elle calcule le nombre de victimes fait par vous savez qui... Inquiète devant le char d'assaut que représente la Bitch, elle vacille entre s'investir et s'enfuir. Elle sait très pertinemment que si elle prend la situation en main, c'est une boîte de Pandore qu'elle ouvrira. Ça ou une grenade, c'est du pareil au même !

Ce qu'il faut surtout retenir de sa réaction, c'est qu'elle est tout à fait consciente des tourments que les gens endurent. Il est rare qu'elle soit directement touchée. Comme elle donne l'impression de n'avoir rien de majeur à lui envier, la Bitch porte attention à d'autres types de personnes bien avant de s'intéresser à son cas. En fait, dans une telle circonstance, son pire ennemi est souvent elle-même. Comme elle est constamment sur un pied d'alerte, l'angoisse s'installe et son système nerveux en prend un coup !

Comment devrait-elle réagir ?

Pour la personne sensitive, il s'agit de se recentrer au plus vite sur elle-même. Car elle a pour mauvaise habitude de perdre pied à la moindre secousse. En raison de sa grande sensibilité, elle possède des antennes qui lui envoient un signal quand le vent se met à tourner. Elle doit garder le cap afin de préserver sa stabilité intérieure. En tout premier lieu, il est nettement préférable pour elle d'éviter tout genre de discussions avec une Bitch, ou carrément de fuir ! Sinon, cette dernière découvrira vite sa fébrilité, elle prendra alors un malin plaisir à la faire réagir. La nature sensible de la personne de type sensitif est loin de pouvoir lui servir de pilier lors d'une confrontation. C'est pourquoi elle doit reconnaître le plus tôt possible qu'elle manque de points forts pour faire face à la Bitch.

Un environnement le moindrement malsain, qui fait figure d'injustice, atteint au plus profond d'elle-même l'être sensible qu'elle est. Une situation ou un milieu qui lui cause un stress permanent finit par avoir de graves conséquences sur sa santé physique et psychologique. Il ne faut pas se surprendre si des symptômes de nature psychosomatique apparaissent et prennent longtemps avant de s'estomper. Sa grande sensibilité la prédispose à réagir de cette manière. C'est un son de cloche, un genre de message que son corps essaie de lui faire comprendre. Il est donc important qu'elle prenne soin de son bien-être personnel. Il faut que cette personne agisse de manière draconienne dans les plus brefs délais afin de se défaire des angoisses qui l'habitent. De plus, elle ne doit surtout pas s'accrocher à la mentalité selon laquelle le temps arrange les choses. Cela ne correspond pas du tout à ce que la réceptivité de son corps est en mesure d'endurer et de supporter! Imaginez son état quand elle se retrouve en compagnie d'une Bitch pendant un long moment: c'est insoutenable!

Dans son cas, cela s'apparente à un tremblement de terre, ou à la fin du monde. Mais cette grande sensible a une forte intolérance à se percevoir comme une victime. Il est hors de question qu'elle se retrouve dans une telle position. Cela va dans le sens contraire de son entendement.

Normalement, dans une conjoncture similaire, sa sensibilité lui dicte de lever les voiles vers des lieux plus conformes à ses attentes. Fuir, pour ce type de personne, est peut-être la meilleure chose à faire. Se libérer d'une situation qui la brime totalement est capital pour sa survie émotive. Si elle sait être à l'écoute, elle pourra trouver l'énergie pour faire le changement nécessaire. Cependant, si elle n'a pas d'autre choix que de se soumettre, elle aura une grande difficulté à renoncer à son authenticité. C'est ainsi qu'en peu de temps elle perdra de son énergie. Son tempérament sensitif la prédispose à réagir de manière psychosomatique. Je le signale à nouveau: il est important qu'elle prenne soin de son bien-être personnel, avant tout!

Comme son manque d'assurance est sa principale faiblesse, la détermination à reprendre confiance en ses capacités doit devenir son cheval de bataille. L'indépendance à laquelle elle s'accroche ne lui sert pas toujours de la bonne façon. Parfois, il est préférable qu'elle accepte d'être aidée. Avoir l'outil nécessaire pour reprendre du poil de la bête est aussi à prendre en considération. Comme la Bitch est la bête à abattre, il est donc important que ce type de personne soit équipé en conséquence. Dans un premier temps, il est nécessaire qu'elle travaille sur sa fragilité intérieure. Se poser trop de questions la ralentit dans son action. Pour ce faire, elle doit, une fois pour toutes, soigner les blessures du passé. Sa guérison débutera quand elle projettera son regard bien au-delà des déceptions antérieures. Elle trouvera alors soit la porte d'entrée, sinon la porte de sortie!

LA PERSONNE RATIONNELLE

La personne de type rationnel se veut sérieuse et réfléchie. Elle aime croire qu'elle détient une certaine maîtrise sur son mode de vie. Stratégique sur plusieurs plans, elle préfère s'investir dans des projets à long terme. C'est le style à favoriser davantage les options qui semblent les plus prometteuses. Elle ne recule pas devant des propositions qui lui offrent la possibilité de se dépasser. Son côté perfectionniste se trouve donc amplement contenté quand on lui présente des défis à relever.

Comme elle cherche la perfection dans tout, il est normal qu'elle soit critique envers elle-même et les autres. Du genre réservé, la personne rationnelle a pour habitude de rester polie et circonspecte à l'égard de l'entourage. De nature ambitieuse mais diplomate, elle sait se faire valoir. Capable d'être à la hauteur de la situation, elle se montre convaincante lorsque cela s'avère nécessaire. Quand un problème surgit au travail, grâce à son initiative, elle est souvent la plus habile pour trouver des solutions. Dans tout contexte, son efficacité représente un élément presque indispensable pour son entourage.

Intelligente et serviable, c'est la personne qui se porte volontaire pour apporter son soutien aux autres. Il n'est pas rare que les gens fassent appel à ses connaissances. Voir que son opinion et son bon jugement sont pris en considération par certains a pour effet de la valoriser. La personne de type rationnel a besoin de se sentir estimée et respectée. Le fait qu'on requière sa collaboration est une belle marque d'appréciation envers elle. Il est important qu'elle soit entourée d'amis qui possèdent une certaine maturité. Concernant leur attitude et leur comportement, ils doivent faire preuve de courtoisie et de savoir-vivre.

Pour obtenir son estime, il est préférable de montrer patte blanche. Malgré tout, ce ne sont pas ses fréquentations qui l'insécurisent le plus. Elle se méfie davantage des imprévus. Elle déteste au plus haut point les situations inattendues. Cela est très dérangeant pour quelqu'un qui a l'habitude de tout contrôler. Son environnement se doit d'être stable et sans surprises.

Personne ne met en doute ses capacités. Cependant, il faut savoir que sa façon de réviser le moindre petit détail l'aide principalement à gérer un problème de confiance en elle. Même si d'aucune manière on ne perçoit son instinct de rivalité, elle se veut pourtant très compétitive. Ce qui surprend davantage, c'est de savoir que c'est avec elle-même qu'elle est en concurrence. La personne rationnelle a constamment besoin de se mettre à l'épreuve. Sa mentalité est le reflet du dépassement de soi. Se prouver qu'elle est en mesure de faire mieux et davantage la conditionne à agir efficacement. « Je vais y arriver! », voilà sa façon d'opérer en toutes circonstances. Elle cherche peut-être à s'améliorer, mais inconsciemment ce sont ses angoisses qu'elle désire voir disparaître. Mais chaque fois, l'insécurité refait surface. Par conséquent, ce n'est que partie remise! Ce qui est caché aux yeux de tous, c'est que même si elle semble calme extérieurement, elle fait tout ce qu'elle peut afin de contenir ses craintes. Même contrariée, elle donne l'impression d'être calme; pourtant, intérieurement, elle bouillonne d'impatience. À l'image d'un volcan qui est sur le point d'entrer en éruption, celle-ci essaie de ne rien laisser paraître, à part quelques rougeurs aux joues et dans le cou).. Donc, malgré l'aspect sérieux qu'elle dégage, il est difficile pour elle de se détendre. Concernant ses loisirs, elle se permet rarement de se relaxer et de décompresser. Pour cette personne, le mot « plaisir » équivaut à du laisser-aller. Il n'est donc pas exagéré pour elle de réviser sa liste de priorités en ayant toujours en tête « je dois ».

Sa réaction habituelle face à une Bitch

Comme elle sait se préserver de l'extérieur, elle se croit capable d'évaluer sans problème la nature d'une Bitch. Cependant, la faiblesse de la personne rationnelle est qu'elle fait uniquement confiance à son esprit cartésien. Pour elle, derrière chaque chose se cache une logique. Il est clair qu'elle nie toute forme d'intuition pour prendre connaissance de l'environnement. Il lui manque donc un certain flair. Quand elle se trouve face à une Bitch, elle s'efforce de comprendre l'attitude de celle-ci par des comment et des pourquoi. Mais quelle perte de temps! Essayer de pénétrer dans les pensées d'une Bitch ne mène nulle part, sinon dans un immense labyrinthe. La personne de type rationnel se retrouve donc coincée dans des corridors peu sécurisants. Incapable de trouver la sortie de secours, elle sent la panique l'envahir.

Le problème de cette personne est qu'elle se croit suffisamment intelligente pour contrecarrer les plans de la Bitch. Mais elle est complètement dans l'erreur! En réalité, elle n'a pas ce qu'il faut pour jouer au chat et à la souris! Cela demande plus que du discernement pour gêner une Bitch. Ce qui manque à la personne de type rationnel, la Bitch en dispose à volonté!

Mettant à profit ses tactiques habituelles, celles qui ont déjà fait leurs preuves, la rationnelle se voit déjà victorieuse! Mais sans qu'elle le sache, les pires moments sont à venir! Faire la guerre à une Bitch demande plus que de la stratégie et de l'intelligence. Elle s'en rend compte quand toute son artillerie a été déployée et que rien n'a donné de résultat. C'est ainsi, avec consternation et désolation, qu'elle se trouve face au prochain assaut de la Bitch.

Comment devrait-elle réagir?

La première action de la Bitch à l'endroit de la personne rationnelle sera de la saboter. Au premier geste de cette dernière, dans le cadre d'un projet, par exemple, la Bitch la fera paraître comme incompétente et de mauvaise foi. Elle soulignera ses manques, ses oublis et tout ce qui s'ensuit. Elle sait que la rationnelle accorde énormément d'importance à son rendement ainsi qu'à son image. Mais son éternelle prudence ne viendra pas à bout des capacités de la Bitch. Celle-ci agira en conséquence: elle n'en finira plus de jeter de l'huile sur le feu jusqu'à l'obtention de l'explosion finale!

La personne de type rationnel doit rester constamment sur ses gardes, car la Bitch joue gros, et ce n'est pas pour rien! C'est souvent le désir de s'approprier le poste de travail de l'autre qui la motive à la saboter ainsi. Il est donc préférable que la rationnelle s'entoure d'alliés. Elle a besoin d'être conseillée pour prendre connaissance des différentes possibilités qui s'offrent à elle. Avant tout, cette personne ne doit rien bousculer. Toutefois, il n'est pas question non plus de trop lésiner, car les coups de tonnerre ne tardent jamais à venir avec la Bitch.

Ce qui sécurisera la personne rationnelle, et ce qui sera le plus approprié dans son cas, c'est qu'elle dépose un grief comme il se doit. Faire un geste concret aura comme impact de la rassurer. Agir de façon réglementaire et remettre sa cause entre les mains d'individus qui sont en mesure de prendre en charge le litige lui conviendra parfaitement. Mais elle doit admettre que l'aspect pragmatique auquel elle s'accroche peut aussi la desservir. Trop de rectitude et de sens critique lui nuit parfois. Ce comportement a pour effet de la rendre incrédule à l'égard de son ressenti. Elle doit davantage développer son intuition.

De plus, il est important d'aller au-delà de l'image que certaines personnes s'amusent à projeter, y compris la sienne. La rationnelle devrait prendre note du fait que ni les diplômes ni la notoriété n'impressionnent la Bitch. En fait, c'est souvent le contraire qui se produit. Toutefois, cela attise sa curiosité, même si elle sait que tout ce qui brille n'est pas or. C'est pourquoi elle prend le temps de vérifier si ce dicton est approprié à la situation.

La personne rationnelle n'a pas pour habitude de se vanter. N'empêche qu'il lui arrive de dégager un air de satisfaction. Ce genre d'attitude est suffisant pour provoquer la Bitch. Comme elle n'apprécie pas que quelqu'un lui fasse de l'ombre, elle en profite pour se mettre en valeur. Et sa façon de faire n'est pas très acceptable, et encore moins recommandable, même envers une personne rationnelle.

Pour se protéger le mieux possible, cette dernière sera tentée de tenir secrets ses atouts. C'est peut-être son choix de se montrer hypocrite – pardon… stratégique –, mais dans ce cas, le jour n'est pas bien loin où elle exprimera avec force toute sa colère et son exaspération. Une fois qu'elle aura ainsi perdu la face devant tout un chacun, que fera-t-elle? Probablement qu'elle essaiera de rebâtir son image… ailleurs!

Ce qui ressort de tout cela, c'est que malgré le fait que la personne rationnelle s'efforce de se protéger en cachant qui elle est vraiment, par son attitude et son comportement elle laisse présager qu'elle possède des dispositions dont la Bitch n'a pas idée! Comme son intelligence, peut-être? Il arrive que la rationnelle provoque la Bitch simplement dans le but, conscient ou non, de se mesurer à elle. Malheureusement, se mettre en travers de son chemin est un pensez-y bien. Puisque sa route est à l'image d'une autoroute, tout y roule à grande vitesse!

LA PERSONNE ACTIVE

Active ne veut pas nécessairement dire sportive ; cela signifie plutôt s'investir dans plusieurs projets à la fois. Ce qui n'empêche pas cette personne d'être efficace dans ce qu'elle entreprend. Même si l'active possède un esprit vif, ses besoins sont davantage orientés vers les domaines physiques et matériels. Dynamique et sociable, elle aime se faire remarquer. C'est pourquoi elle cherche à se distinguer. Par son comportement, elle sait se montrer joviale et disponible. Orgueilleuse de nature, elle est attirée par la compétition, toute forme de compétition ! Celle-ci a besoin de se prouver à elle-même, ainsi qu'aux autres, qu'elle est à la hauteur de toutes les situations. Motivée et motivante, elle est facilement perçue par l'entourage comme un leader.

Cependant, sa nature ambitieuse fait en sorte qu'elle a une certaine difficulté à reconnaître ses propres limites. Comme elle possède un ego fort, l'environnement n'a aucune emprise sur sa personne. Il est donc impensable de pouvoir la raisonner quand son comportement n'est pas approprié. Son impatience lui joue parfois de bien vilains tours.

L'active s'entoure d'amis qui proviennent de milieux différents. Elle n'a pas de difficulté à établir de nouveaux contacts. Du moment qu'elle se rend compte qu'elle peut influencer les nouveaux venus, tout va pour le mieux! Mais si ces derniers cherchent à avoir le dessus sur ses opinions, ce n'est pas long qu'ils sont rayés de la carte. Ce qui s'avère le cas concernant la compagnie de gens trop intellectuels. Ceux-ci ne retiennent pas vraiment son intérêt, leur présence l'ennuie même parfois. Parler et discuter en pensant refaire le monde, non merci! Elle préfère se retrouver au centre du changement, là où se passe l'action.

Étant principalement extravertie, la personne active a pour habitude de se jeter corps et âme dans tout ce qu'elle entreprend. Toutefois, les bons résultats ne doivent pas trop se faire attendre. En fait, l'aboutissement prévu est vivement réclamé de sa part. Sinon, son impatience est mise à rude épreuve. Rien ne doit lui résister, ni les gens et encore bien moins les situations! Par son attitude de conquérante, il n'est pas rare que ce type de personne fasse des envieux. Cela lui plaît de savoir qu'elle impressionne son cercle d'amis.

Ce n'est pas seulement cet aspect qui la motive à agir, l'argent et le pouvoir la séduisent aussi. À coup sûr, elle ne s'empêche pas d'en gagner et de le gaspiller selon ses désirs. Loin d'être économe, elle se réjouit de savoir qu'elle peut profiter de la vie quand bon lui semble et comme bon lui semble! Il n'y a jamais rien de trop beau pour sa personne, elle croit qu'elle le mérite amplement. C'est pourquoi la personne de type actif ne manque pas de se faire plaisir, en tout temps et en tout lieu. De plus, sa nature généreuse l'amène à ne pas oublier de gâter les gens qu'elle aime.

L'élément qui se révèle le plus dérangeant pour elle est de se voir vieillir. De ce fait, la maladie est l'un de ses pires cauchemars. Si elle éprouve certains malaises, elle les nie et ne ralentit pas son rythme pour autant. Elle cherche ainsi à ne pas alerter son entourage au sujet de son épuisement. Même si elle ne laisse rien paraître de ses faiblesses, les gens ne seront pas surpris d'apprendre que c'est l'orgueil qui est la cause de ses silences. Mais ça, elle ne le reconnaîtra jamais. Toute sa vie, l'endurance et la performance ont été ses principales alliées. Habituée à fonctionner à fond de train, il lui paraît difficile de jeter un regard droit devant quand elle avance en âge. Indépendante, elle aime croire qu'elle restera longtemps inébranlable. Pour cette personne, ce serait humiliant de se voir obligée de dépendre de quelqu'un d'autre.

Sa réaction habituelle face à une Bitch

C'est drôle à dire, mais au départ il est rare qu'on sente un malaise entre les deux. Cela prend la forme d'une totale collaboration, jusqu'au jour… Leur besoin de dominer étant plus fort que tout, la compétition s'installe et se fait de plus en plus féroce. L'impatience de la personne active vexe la Bitch, qui n'a pas l'intention de se laisser bousculer. Persuadée d'avoir raison, cette dernière revendique ses droits haut et fort! Ce qui a pour effet d'offenser l'autre, qui fera en sorte de résister fermement à ses instances. Excédée par le comportement de sa rivale, l'active n'apprécie pas que la Bitch ternisse son image.

Par ses réactions, la personne de tempérament actif n'aide en rien à simplifier le problème. Souvent, elle ne se rend pas compte que sa manière d'être peut aussi représenter une lame à double tranchant. Puisque l'active « s'active » à exprimer ouvertement ses griefs, elle provoque elle-même les confrontations, souhaitant la chute future de la Bitch. C'est ainsi qu'une lutte de pouvoir s'installe. Mais ne vous y trompez pas : ces deux personnalités aux traits de caractère forts prennent un malin plaisir à entrer en conflit. Elles ont ainsi chacune la possibilité de faire valoir leurs capacités à la vue de tous.

Cependant, elles manquent de civisme envers l'entourage. Ce qui a pour effet que des gens se voient contraints d'assister à des déploiements de force majeurs entre les deux. À ce propos, il serait approprié qu'elles apprennent certaines règles de conduite. Elles pourraient de la sorte amoindrir le choc de ceux qui assistent à leurs «petits différends». Les personnes qui côtoient l'active aimeraient croire qu'elle finira par tirer sa révérence devant la Bitch. Ce qui n'est pas souvent le cas.

Comment devrait-elle réagir?

Par son attitude, la personne de type actif dégage une grande confiance en elle. Cela représente une compétition d'envergure pour la Bitch, qui cherche des adversaires de taille. La personne active a beau faire preuve d'une grande volonté, en matière de stratégie, c'est une autre histoire! Il est donc important que celle-ci prenne le temps de réfléchir avant d'agir. Elle doit essayer de mettre un frein à son impétuosité tout en prenant conscience de ses airs provocateurs. Toutefois, même si garder la tête froide peut être de mise, il n'est pas question de mettre totalement en sourdine sa forte personnalité.

Ce qui est regrettable, c'est que bien souvent elle se met elle-même en travers du chemin de la Bitch. Peut-être ressent-elle le besoin de se prouver quelque chose? Si elle a en tête de se faire un nom auprès de sa rivale en pensant «que la meilleure gagne», c'est qu'elle n'a rien compris. Elle comme tant d'autres! Vouloir être au premier rang n'est pas toujours la meilleure place à cibler. Surtout si c'est une Bitch qui en dispose! Alors, pour la nature active, il est préférable de restreindre ses ambitions. Concernant toute forme de rivalité avec une Bitch, il y a de bonnes chances que la victoire revienne à cette dernière. Et ça, dès le premier tour!

Si vous croyez que la personne du genre actif peut endosser une attitude plus pondérée, vous rêvez en couleurs! Défendre ses opinions, être claire et précise sans être offensante, c'est beaucoup lui demander. Son seul et unique but est de démolir l'autre pour prouver qu'elle a entièrement et totalement raison. Cette personne n'a pas une certaine tendance à dominer : c'est une obligation afin de maintenir son taux d'adrénaline.

Pour elle, c'est dans l'ordre des choses que de ne pas fuir devant un prédateur. Pour une fois qu'elle a quelqu'un d'égale force à se mettre sous la dent...

Un conseil qui s'adresse aux personnes qui sont témoins de leurs confrontations : chercher à entrer dans le jeu pour tempérer la situation équivaudrait à vous retrouver entre deux feux. Vous êtes mieux d'être coriace pour vous interposer entre ces deux rivales, sinon je ne donne pas cher de votre peau!

Si vous croyez être en mesure de proposer à l'active l'option d'un compromis, ce n'est pas la chose à faire! Cela équivaudrait à un échec de sa part, puisque ce qui lui tient le plus à cœur, c'est d'en finir avec la Bitch. L'orgueil se trouvant au premier plan, l'enjeu devient extrêmement important pour elle. De plus, vous devez savoir qu'elle a le goût du risque, assurément plus que vous!

C'est beaucoup lui demander que de modifier son comportement à tendance provocatrice. Chercher constamment à avoir le dernier mot démontre le peu de souci qu'elle se fait pour les autres. Dans certains contextes, prendre le temps d'écouter ce que les gens ont à dire pourrait porter ses fruits. Il est donc dans son intérêt d'arrêter d'être sarcastique et ironique, elle n'aide pas sa cause en agissant de la sorte. En fait, l'atout qui lui manque principalement est la capacité de développer son côté relationnel. Si elle avait des échanges plus appropriés avec ceux qui l'entourent et qu'elle prenait en considération leurs besoins, sa dynamique sociale s'en trouverait avantagée. Néanmoins, cela ne l'empêcherait pas de chercher encore à être le point de mire, en se confrontant à la Bitch. Mais elle le ferait sans doute en démontrant un certain respect à l'endroit des autres. S'accomplissant de manière à faire preuve de savoir-vivre, elle verrait son impétuosité plus contenue dans ses actions. Tout le monde, y compris elle-même, s'en porterait mieux.

La personne émotive

Émotive à souhait, pour elle, tout est prétexte à réagir. Incapable de faire preuve de sang-froid, ce genre de personne a besoin de soutien physique et moral pour bien fonctionner. Manquant de confiance en elle, l'émotive a besoin d'appuis provenant de différents complices. Ni la perspicacité ni la diplomatie ne sont au nombre de ses qualités. L'amusement et le plaisir semblent davantage ses priorités. Tout ce qui paraît trop sérieux ou exigeant la rebiffe. Il est parfois laborieux de lui apprendre quoi que ce soit dans un contexte de travail.

L'émotive est facilement contentée, peu de choses lui suffisent pour la rendre heureuse. Mais c'est surtout quand elle se retrouve entourée de ses amis qu'elle se sent à son meilleur. Faisant la fête, elle s'en donne à cœur joie! Comme elle ne semble pas avoir d'autres intérêts que les loisirs, il est préférable qu'elle s'oriente vers des milieux qui s'apparentent à cette forme d'attrait.

Malgré tout, l'avenir l'insécurise, ce qui est normal puisqu'elle ne s'implique pas sérieusement dans des projets à long terme. Il est plutôt rare que celle-ci nourrisse des ambitions précises. De nature instable, elle a pour habitude de se laisser porter simplement par les événements qui se présentent à elle. En fait, la personne de nature émotive n'aime pas s'assumer seule. Elle préfère suivre les sentiers déjà tracés, cela semble moins exigeant. Et tant mieux si quelqu'un est là pour l'accompagner ! Puisqu'elle a besoin d'encouragement et d'approbation pour accomplir une tâche, il est préférable qu'il y ait des gens autour d'elle. De cette manière, elle se sent en confiance et plus à son aise pour bien fonctionner. Cependant, l'émotive n'en finit plus de se tracasser pour des riens. Son entourage a souvent comme tâche de tranquilliser ses doutes.

La majorité du temps, elle est sur le qui-vive, comme sur un pied d'alerte. De par son attitude, elle arrive même à rendre nerveuse la personne la plus calme. L'insécurité qui la caractérise devient parfois pour les autres lourde de conséquences. Ainsi, il n'est pas rare que l'on détecte son manque d'assurance et d'initiative. Cela joue naturellement en sa défaveur. Mais comme l'émotive est joviale et gentille, elle est quand même entourée de gens qui savent l'apprécier.

Elle ne souhaite rien en particulier, sinon qu'on la laisse rêver ! Difficile dans son cas de se retrouver devant certains faits accomplis. C'est pourquoi l'émotive préfère trouver refuge dans l'imaginaire. Mais la vie étant ce qu'elle est… On sent chez elle comme un refus de s'investir dans ce monde qui ne semble pas lui convenir *a priori*. Il est normal qu'elle soit quelque peu dépendante des autres. Cela l'aide à avancer malgré ses désarrois et ses déceptions.

La personne dont les traits correspondent à ceux d'une émotive réagit souvent comme une enfant. Sans se dérober ni se camoufler, elle pleure ou elle rit facilement à la face des gens, même sans les connaître. En quelques minutes, vous la verrez se réajuster en changeant de comportement, souvent dans le but de plaire ou de se faire accepter. De nature serviable, l'émotive aime se rendre utile pour aider les gens dans le besoin. Cela la valorise grandement de pouvoir rendre les autres heureux. Cependant, en raison de son manque de confiance, elle se remet fréquemment en question. Bien entendu, elle n'obtient jamais de réponses valables. Sans doute qu'elle ne cherche pas là où il faut, ou pas suffisamment longtemps. Ou peut-être ne veut-elle tout simplement pas connaître les réponses. Mais ce qui la gêne le plus, c'est de ne pas savoir si les gens autour d'elle l'apprécient un peu, beaucoup ou pas du tout!

Sa réaction habituelle face à une Bitch

Lors d'un premier contact avec une Bitch, la personne émotive ne perçoit pas l'humiliation que celle-ci lui fait subir. Elle croit tout simplement à une plaisanterie. Ce qui n'est pas surprenant étant donné la manifestation d'une certaine naïveté chez elle. De par sa nature, il est rare qu'elle ressente un sentiment de révolte. Comme elle manque quelque peu de caractère, cette émotive ne se rebelle même pas. De toute façon, elle ne sait pas vraiment comment réagir devant autant d'hostilité. La résistance n'étant pas son point fort, elle se retrouve donc sous l'emprise de la Bitch. Sa tortionnaire n'a qu'à hausser le ton pour que l'émotive appuie sur le bouton panique. Incapable d'avoir un discours approprié pour se faire entendre, elle éclate en sanglots. En fait, si elle se soumet aussi facilement, c'est dans l'intention de ne pas envenimer sa condition.

Mais dès le moment où l'émotive est en compagnie de ses amies, elle en profite pour se défouler. Comme elle n'a pas l'habitude de régler elle-même ses problèmes, elle s'en remet volontiers à la première qui s'offre pour la conseiller! Malheureusement, dans son cas, les conseils ne sont pas suffisants. Ce qu'elle recherche avant tout, c'est la bonne personne qui prendra totalement en charge sa mauvaise posture. En laissant cet aspect à quelqu'un d'autre, elle ne règle rien, absolument rien ! Bien au contraire, une fois de plus, elle s'organise pour tasser le vrai problème. Et cela n'a rien à voir avec les difficultés que lui fait vivre la Bitch. Le réel obstacle est sa propre incapacité à se prendre en main. De par son attitude irresponsable, elle s'enlise elle-même, encore et toujours davantage. Il est évident qu'elle préfère se consacrer à d'autres intérêts. Mais de là à abdiquer et à se décharger de sa mauvaise condition sur une personne volontaire…

Comment devrait-elle réagir ?

L'émotive sera à coup sûr la première victime d'une Bitch : elle se montre tellement vulnérable devant les gens qui possèdent la moindre assurance. Il est visible aux yeux de tous qu'elle manque de caractère. Comme elle n'a aucune défense et pratiquement aucune malice, comment pourrait-elle se rebiffer ? Si seulement, sur son passage, la Bitch ne faisait que la décoiffer… Mais généralement la personne émotive a l'impression de se faire décapiter. Ainsi déstabilisée, elle se trouve dans l'impossibilité de réagir pour que les choses soient à son avantage. C'est ainsi que, bien souvent, la seule solution qui lui reste est d'être au service de celle qui lui a mis le grappin dessus. Comme elle ne vit essentiellement que d'espoir, n'importe qui peut lui faire miroiter de belles promesses, à plus forte raison la Bitch !

Le conseil le plus approprié pour l'émotive qui se sent fragilisée est de prendre un sérieux recul. Mais pas seulement devant ce genre de situation ! Il est important pour cette personne d'évaluer en premier lieu sa propre attitude. Parfois, c'est à se demander si elle ne fait pas exprès pour se mettre à l'avant-scène, juste sous le nez de la Bitch. Si c'est le cas, cette grande émotive ne peut alors que se répéter : « Par ma faute, par ma faute, par ma très grande faute. »

Comme par hasard, elle est bien souvent elle-même à l'origine de sa fâcheuse condition. Nous n'avons même pas à avoir de doute à ce sujet : c'est l'évidence même ! Il est peut-être temps pour celle-ci de faire des efforts pour acquérir plus de maturité. La mentalité de « victime un jour, victime toujours » n'a plus sa raison d'être. En passant, il y a longtemps que l'esclavage a été aboli !

Dans le seul but d'être aimée, souvent elle s'exécute, sans trop réfléchir, devant les demandes qui lui sont adressées. Pour ce genre de personnalité, il serait bénéfique d'« essayer » de succomber le moins possible aux influences extérieures. Il faut qu'elle évite de se confier à n'importe qui, n'importe quand. Ce comportement concède un certain pouvoir à l'autre. C'est ainsi que la personne émotive peut se trouver à la merci de quelqu'un par sa propre faute.

Oser dire non n'est pas dans ses habitudes. Il est donc normal qu'à l'occasion elle soit dépassée par les événements. Surtout lorsqu'elle se trouve confrontée aux promesses qu'elle a faites. Ainsi forcée de tenir parole, elle se voit dans l'obligation de rendre un « service » pour lequel elle ne possède parfois aucune affinité. Elle a le don de se mettre les deux pieds dans les plats ! Incapable de se libérer de son engagement, elle agit avec l'intention de s'en débarrasser le plus vite possible. Même quand l'émotive fait preuve de bonne volonté, elle est incapable de mener la tâche correctement à terme. « Si j'avais su… Si j'avais pu… » Se proposer à la hâte pour faire plaisir et ainsi fuir ses propres difficultés ne devrait pas faire partie de ses optiques.

Commencer par régler ses propres problèmes, un à la fois, serait à sa mesure. Il est nettement préférable qu'elle agisse pour faire en sorte d'alléger ses tensions. Pour y arriver, il est important qu'elle écoute le genre de discours qu'elle entretient intérieurement. Quelle est sa vision d'elle-même et des autres? Une autoévaluation avec l'aide appropriée serait la bienvenue. Ce qu'elle découvrira, dans un premier temps, c'est bien entendu que «tout le monde est beau, tout le monde est gentil». Mais si elle a le courage de creuser un peu plus loin, elle distinguera un être qui est prêt à faire surface. Découvrir qu'elle peut enfin se départir des rêves qui lui ont nui toute sa vie, cela veut dire qu'elle peut aussi amoindrir ses tensions. N'est-ce pas le plus beau des rêves?

 # Les types mixtes

Comme vous avez pu le constater dans les pages précédentes, certaines personnes possèdent un seul et unique type. Cela donne comme résultat que non seulement leurs qualités se trouvent amplifiées, mais également leurs défauts. Bien que l'on parle des réactions de la personne sensitive, rationnelle, active ou émotive, ce n'est en fait qu'un échantillon de base. Car il faut savoir qu'il est exceptionnel que quelqu'un soit uniquement et entièrement de nature sensitive ou rationnelle, par exemple.

En vue de pousser plus loin la connaissance des autres modèles, nous devons prendre en considération l'existence des types mixtes. En fait, la majorité d'entre nous sommes composés de deux tempéraments complémentaires ou non. En observant correctement, il est possible d'en tirer des conclusions. Comme certains traits sont plus évidents aux yeux de tous, il est concevable de savoir à quel type une personne appartient.

Le fait que ce genre d'interinfluence existe nous donne la possibilité de maintenir un meilleur équilibre ou nous impose l'obligation de nous réajuster, selon le cas. Puisqu'un individu possède une plus grande diversité de traits de caractère, son potentiel s'en trouve élargi. Il est entendu qu'en étant pourvu de différentes facettes, celui-ci a assurément des traits qui prédominent sur d'autres. Ce qui peut être très agréable si ces traits sont favorables ; sinon, c'est un réajustement constant quand les mauvais traits sont mal gérés. C'est pourquoi il est important de bien nous connaître afin de maintenir un équilibre entre nos deux pôles.

Je vous propose donc de découvrir les types mixtes et les caractéristiques qui les définissent.

La personne sensitive-rationnelle

De tous les types, cette personne est la plus sérieuse d'entre toutes. Elle observe, évalue, en restant quelque peu méfiante. Son sens critique est fortement aiguisé, mais elle sait être juste et équitable envers les gens. Toutefois, la sensitive-rationnelle préfère la solitude et la quiétude de son foyer. Parfois trop sérieuse dans ce qu'elle entreprend, elle manque de flexibilité et d'ouverture devant les gens qui cherchent à la taquiner. Celle-ci aime les projets d'envergure où elle peut démontrer la valeur de son potentiel. Il est vrai qu'elle est en mesure de faire preuve d'initiative. Ayant le sens de l'organisation et une grande créativité, elle surprend par sa débrouillardise et son efficacité. Cependant, son but n'est pas d'attirer l'attention.

Son environnement doit être stable et sans surprises. Il est important qu'elle baigne dans une atmosphère de paix et d'harmonie. Il est vrai que, conformément à certains de ses principes, cette personne se montre exigeante. Les gens qui la fréquentent savent que le respect à son égard est à prendre en considération. Comme elle est susceptible, il est facile de se rendre compte que ses convenances font référence à une conduite plutôt pointilleuse.

En ce qui concerne sa réaction face à une Bitch, la sensitive-rationnelle est suffisamment intuitive et intelligente pour contourner ses pièges. En fait, comme elle la devine facilement, elle est capable, dans une certaine mesure, de s'en protéger. Par contre, ce qui l'aide, c'est surtout que la Bitch se méfie d'elle. La méchante sait qu'elle doit agir de manière plus circonspecte à l'endroit d'une sensitive-rationnelle. C'est tout à fait normal, puisqu'elle la perçoit davantage comme une adversaire que comme une victime. Cela fait toute la différence!

LA PERSONNE SENSITIVE-ACTIVE

Vous la verrez le plus souvent passer comme un coup de vent. C'est la personne qui a mille projets en tête, et il y en a autant qui attendent sur les tablettes. Ce n'est pas nécessairement un bourreau de travail, c'est davantage une machine à concepts! Tout ce qu'elle voit autour d'elle déclenche une multitude d'idées. Au départ, ses notions paraissent abstraites pour certains individus. Parfois, ses tentatives relèvent de la fiction, c'est pourquoi il est difficile de suivre le cheminement de sa pensée. Mais ceux qui la connaissent depuis longtemps savent qu'elle finit par donner forme à ses essais, même les plus fantaisistes! Son côté obstiné l'aide à avancer sur des chemins inexplorés et inconnus de tous. Heureusement qu'elle n'est pas du genre à chercher l'appui des autres ou leur accord pour fonctionner! Le besoin de se faire aimer ou d'être acceptée ne fait pas partie de ses préoccupations. L'un de ses traits majeurs est son autonomie. Son rêve le plus cher serait de s'affranchir de tout, pour se consacrer entièrement à sa créativité. Ce qui est sûr et certain, c'est qu'elle n'a pas besoin de se forcer pour se différencier des autres : de toute évidence elle est différente!

Depuis son enfance, elle a entendu tous les commentaires possibles et imaginables sur sa façon d'être. Alors, celle-ci ne porte plus attention depuis longtemps aux remarques désobligeantes faites à son endroit) Comme la sensitive-active a des intérêts diversifiés, elle s'investit sans porter attention à ce qui se passe autour d'elle) Elle n'a donc pas de temps à perdre concernant les mauvais coups que prépare la Bitch. L'ingéniosité dont fait preuve la sensitive-active pique assurément la curiosité de la Bitch. Mais sa réaction ressemble à celle de la majorité, c'est-à-dire qu'elle trouve difficile de cerner cet extraterrestre. C'est pourquoi elle préfère passer son tour, continuant toutefois à la surveiller du coin de l'œil !

La personne sensitive-émotive

Celle-là, elle est moins difficile que les autres à reconnaître! Même parmi une foule, il est possible de la repérer facilement. En raison de son excentricité, elle fait tourner les têtes. Avoir un comportement non conformiste donne comme résultat qu'elle s'embourbe parfois dans des situations loufoques. Les gens qui connaissent ce type de personne vous diront qu'elle est drôle. D'autres soutiendront plutôt qu'elle fait preuve d'une grande innocence. Curieuse comme une fouine, elle n'est pas très discrète dans ses propos, mais les gens lui pardonnent ses maladresses. À l'unanimité, tout le monde l'aime, ou presque…

On pourrait croire que sa curiosité l'aide à s'investir dans différents projets, mais cela n'est pas tout à fait exact. Elle s'organise pour se montrer le bout du nez, juste pour sentir… Si cela sent la soupe chaude, ne comptez pas sur elle pour rester! Dans ces conditions, elle dira qu'elle ne fait que passer. En fait, ce genre de personne est à la recherche constante de quelque chose, sans trop savoir quoi exactement. Elle est de celles qui ne prennent pas le temps de s'arrêter sérieusement pour évaluer qui elles sont. Elle préfère courir après celle qu'elle voudrait être! Partir à la découverte de soi n'est pas son option. Celle-ci accorde ses priorités à la découverte de l'univers qui l'entoure.

La Bitch adore ce genre de proie. Quelle aubaine! La sensitive-émotive ne voit absolument pas venir la Bitch déguisée en amie. Mais n'ayez crainte pour elle, une fois qu'elle se sera fait avaler tout rond, elle ne sentira plus rien! Il est normal que la Bitch s'en régale, puisque cette personne ne voit jamais le mal nulle part. Elle facilite même la tâche à qui veut «son bien», c'est-à-dire «tous ses biens»!

LA PERSONNE RATIONNELLE-ACTIVE

Bien organisée, elle est le genre de personne à planifier et à collaborer avec l'entourage. Motivée et motivante, elle possède toutes les qualités requises pour superviser une équipe. La rationnelle-active aime prendre des responsabilités, mais pas nécessairement des risques. De nature fière et orgueilleuse, elle fait preuve de sang-froid. En raison de son côté rationnel, l'impulsivité habituelle de l'active se trouve ainsi amoindrie. C'est pourquoi cette personne se veut sérieuse et pragmatique. De plus, les éléments qui composent en partie son caractère actif la rendent plus malléable. Elle a donc moins d'exigences et de principes que si elle était strictement rationnelle.

D'agréable compagnie, il est important pour elle de faire bonne impression. Elle porte donc une certaine attention à l'image qu'elle projette. Celle-ci est en mesure de s'occuper de ses intérêts. C'est pourquoi vous la verrez continuellement réfléchir à ses prochaines réussites et à ses victoires à venir. La rivalité ne semble pas la déstabiliser ni la déranger. Puisqu'elle est capable de stratégies, elle peut en surprendre plusieurs par ses combines. Cependant, c'est une mauvaise perdante. Comme elle n'accepte pas ses erreurs, elle s'éloigne pour se faire oublier un certain temps.

La rationnelle-active aime se mesurer à une Bitch. Cela lui donne l'occasion de se prouver à elle-même, ainsi qu'aux autres, qu'elle possède un caractère fort. Certes, elle est capable de remettre la monnaie de sa pièce à une telle garce! Comme elle est grandement motivée à ne pas perdre la face, ce type de personne ne lâche jamais prise. La Bitch se retrouve devant une concurrente qui ne lui rend pas la vie facile. Mais que voulez-vous? Toutes les deux aiment les confrontations et les défis. Cela fait partie de leurs loisirs!

LA PERSONNE RATIONNELLE-ÉMOTIVE

Cette personne possède des traits de caractère qui sont difficilement compatibles. Ceux provenant de l'aspect rationnel font d'elle quelqu'un qui aime l'ordre. Ce qui n'a aucun rapport avec son côté émotif. Même si elle désire être perçue comme mature et efficace, elle y arrive difficilement. Il est visible qu'elle cherche la facilité. Comme sa nonchalance est apparente, les gens refusent de lui accorder des responsabilités qui s'avèrent lourdes de conséquences. Ce qui dérange le plus son environnement, c'est de la voir changer d'idée sans préavis, sans même se justifier. Il devient donc ardu pour les gens de la comprendre. Vu son comportement, ils finissent souvent par refuser de l'aider dans ses déboires. Par contre, quand elle se voit mal prise et sans soutien, elle est suffisamment intelligente pour se débrouiller toute seule. Se retrouver coincée de cette façon, elle déteste ça au plus haut point !

Sa nature insaisissable peut représenter un attrait pour certains. Toutefois, l'incompréhension à l'égard de son attitude prend vite le dessus ! C'est ainsi que ses amitiés se renouvellent régulièrement. Vu sa grande insécurité, la rationnelle-émotive est de nature contrôlante. Cependant, comme elle se permet certaines fautes, elle est du genre « faites ce que je dis, mais ne faites pas ce que je fais ». Si elle n'arrive pas à convaincre les autres par ses propos, elle essaie tout simplement par le charme…

La personne rationnelle-émotive a peur de la Bitch. Comme elle manque d'aplomb, elle se voit dans l'impossibilité de lui faire face. Se percevoir ainsi comme une victime bien avant son temps n'est pas pour la sécuriser. Croyez-vous que la Bitch aura pitié d'elle? Pas du tout! Pourquoi s'en priverait-elle? C'est une Bitch après tout! De ce fait, la rationnelle-émotive goûtera à sa médecine à s'en rendre malade!

La personne active-émotive

Une vraie bombe à retardement! Petit conseil : ne restez pas trop long-temps dans les parages… Euphorique et survoltée, dites-vous? À peine! Si vous décidez un jour d'en faire votre associée, il n'est pas sûr que vous compreniez sa façon de faire. Du début à la fin, son approche est loin d'être rationnelle. En fait, il n'y a rien à comprendre puisqu'elle agit uniquement par instinct. Sa vision de la vie étant particulière, l'active-émotive vit intensément, ici et maintenant! On pourrait croire qu'elle est habitée par la pensée zen, un genre de lâcher-prise. Attention, car c'est loin d'être le cas! Celle-ci « profite » de chaque moment, et encore da-vantage de ce que les gens ont à lui offrir!

Malgré le fait que cette personne soit toujours prête à expérimenter de nouvelles avenues, elle manque de discernement et n'est pas vrai-ment fiable. Ce qui revient à dire qu'elle est tout à fait instable. Cepen-dant, sa force se situe dans sa personnalité. Elle possède un certain magnétisme. L'active-émotive est tout à fait consciente qu'elle a du charme. Comme son ego est solide, elle croit posséder tous les atouts nécessaires pour convaincre n'importe qui de n'importe quoi! C'est un fait, même les plus sceptiques ne peuvent pas lui résister.

Ce type de personne ne voit aucun inconvénient à se faire amie avec une Bitch. Au contraire, elle croit être en mesure de bien s'amuser en sa compagnie. Même si à plusieurs reprises la Bitch trahit son « amie », l'active-émotive est en mesure d'en prendre les contrecoups. Elle n'a aucune difficulté à se servir de la Bitch « attitude » pour interpeller la Bitch de service! Attendez de voir la réaction de celle-ci, elle n'en reviendra pas! Une Bitch qui tombe à la renverse, rien de plus rare… mais rien de plus agréable!

Conclusion

I est impensable ou peu réaliste de croire que nous pouvons nous sentir pleinement à l'aise avec tout le monde. Sans raison apparente, il y a plusieurs éléments qui entrent en ligne de compte. Certaines personnes nous ressemblent puisqu'elles possèdent sensiblement la même mentalité que nous, tandis que d'autres nous sont totalement opposées par leurs besoins et leurs attentes. Cela est donc normal de ne pas pouvoir plaire à tout un chacun! Comment voulez-vous satisfaire l'ensemble des individus quand nous avons de la difficulté à nous supporter nous-mêmes? Comme il est parfois exigeant de faire la part des choses en ce qui nous concerne, c'est beaucoup nous demander que d'être entièrement justes et équitables envers les autres.

Et pourtant, malgré tout, il y en a toujours qui s'emploient corps et âme à se faire accepter et à être aimés. Est-ce utopique que d'agir dans un tel but? Eux, ils vous répondront que faire en sorte de plaire aux autres démontre du savoir-vivre. N'empêche qu'il est heureux pour nous tous que certaines personnes se chargent «poliment» de maintenir un bon climat dans l'environnement. Elles assurent ainsi l'équilibre social en protégeant l'atmosphère autour d'elles.

Mais indépendamment des traits de caractère de chacun, est-il nécessaire de se montrer totalement sous notre vrai jour? Bien entendu, l'authenticité a toujours sa place. Toutefois, lors d'une première rencontre, il n'est pas obligatoire de se dévoiler entièrement devant l'autre. La mise à nu de qui l'on est peut, selon les circonstances et dans une certaine mesure, correspondre à une mise à mort. Surtout si l'on se trouve en présence d'une Bitch.

Faire connaître nos vraies intentions à celle-ci peut s'avérer le début d'un long et pénible périple. De toute façon, il n'est pas donné à tout le monde d'endosser une pleine authenticité. Ce qui est encore plus difficile, c'est d'être en mesure de l'assumer ! En tout premier lieu, c'est à l'égard de soi-même qu'il est important d'être authentique. Cela est une forme d'engagement ; c'est aussi apprendre à se respecter que d'agir selon les valeurs qui nous habitent. Nos pensées doivent être conséquentes avec nos actes. Ces deux aspects doivent être de connivence. Ils doivent être de nature complémentaire, faisant en sorte de se rejoindre.

Indépendamment de notre bon vouloir, il arrive des moments où nous bifurquons en raison des aléas de la vie. C'est le cas lorsque nous rencontrons une Bitch. Dans une telle situation, en peu de temps, l'inconfort et les frustrations s'installent. L'aspect paradoxal de ce personnage nous oblige à trouver des solutions selon nos capacités. Nous entourer de gens qui sont de bon conseil est un atout important. Cela a pour but non seulement d'éclaircir la situation, mais aussi de nous rassurer, ce qui n'est pas rien. Concernant nos attentes à l'égard de la Bitch, celle-ci n'est pas du genre à aller en thérapie. Croire qu'elle va s'améliorer… très certainement : elle va être de plus en plus Bitch ! Habituellement, c'est la victime qui consulte pour une thérapie, pas la Bitch. Malheureusement, quand nous sommes démolis, il est difficile de nous reconstruire, même s'il y a différentes solutions à nos problèmes. La quête naît souvent d'une mauvaise condition, telle une période de détresse ou de conflit. Les prises de conscience sont le point de départ pour entamer les étapes afin de régler nos problèmes. Certaines personnes acceptent de prendre le temps de bien évaluer la situation. Pour d'autres, cela équivaut à une perte de temps que de regarder les possibilités qui s'offrent à elles. De ce fait, on revient à la case départ…

Chaque individu possède un profil qui lui est propre, sa vision et ses gestes sont conséquents avec ses valeurs. Des influences peuvent toujours avoir un ascendant, mais au bout du compte, il revient à la personne de choisir et de décider d'aller de l'avant ou pas. Ce n'est pas tout de vouloir, il faut être prêt et être en mesure de se montrer à la hauteur de ses choix. Cela ne s'opère pas en une seule étape.

À travers un cheminement adéquat, il arrive souvent que nous fassions une découverte majeure. Et cette prise de conscience est la reconnaissance de qui nous sommes vraiment. En fait, cela constitue le principe de base pour pouvoir nous réaliser. C'est ainsi que notre identification personnelle nous aide à modifier le cours de notre vie. Cela nous donne la force et la volonté de nous accomplir selon notre vrai potentiel. Cependant, ce ne sont pas tous les individus qui choisissent d'explorer ce que la vie est en mesure de leur offrir. Même si cela est à leur avantage, pas question pour eux de changer quoi que ce soit! C'est pourquoi quelques-uns suivent simplement le courant, cela leur demande si peu d'effort! Mais à refuser d'escalader des montagnes, ils s'empêchent d'élever leur conscience. D'autres se cachent dans des grottes jusqu'au jour où ils s'aperçoivent qu'ils sont à l'intérieur d'un volcan éteint… Il y en a parmi eux qui possèdent une simple petite chandelle et cela paraît suffisant pour les guider. D'autres tiennent un flambeau allumé et demeurent vigilants afin qu'il ne s'éteigne pas.

Comme nous pouvons nous en rendre compte, chacun a sa façon de faire. Chacun son chemin, chacun son bagage… Mais il y a toujours place à de meilleures conditions de vie. Alors, devant un problème, il ne faut surtout rien bousculer, en nous jetant sur la première solution. Essayer d'évaluer différents scénarios en nous référant à celui qui nous ressemble le plus est une possibilité.

Aider quelqu'un d'autre...

En terminant, un mot pour ceux et celles d'entre vous qui ont l'intention d'aider quelqu'un à se sortir des griffes d'une Bitch. Si, un jour, se présente à vous une personne qui vous informe du mal que lui fait subir une Bitch, il peut arriver que cette victime réussisse à retenir toute votre attention. Percevant le potentiel de votre dévouement, elle cherche à obtenir votre soutien et vos bonnes grâces. Comme sa mauvaise posture continue de s'aggraver, elle s'attend à ce que vous lui accordiez de plus en plus de votre temps. Même si vous êtes conscient que la dynamique qui s'installe entre elle et vous est à sens unique, vous continuez à écouter ses doléances. Vous croyez bien faire puisqu'une bonne écoute est primordiale afin d'aider quelqu'un. Vous vous dites aussi qu'il est important d'être réceptif à cette personne pour l'assister de manière appropriée.

Vient un moment où vous avez suffisamment d'informations pour proposer une solution à *son* problème. Après avoir agi au mieux de vos connaissances, maintenant il lui revient *à elle* de réfléchir à votre proposition. Elle a voulu épancher toute sa peine sur votre épaule, il est grandement temps qu'elle prenne position. Il est normal pour vous de penser qu'à tête reposée cette personne réévaluera vos conseils. Ce qui fait en sorte qu'à la rencontre suivante vous avez hâte de connaître sa décision, du moins sa résolution. Mais quelle surprise de l'entendre, une fois encore, reprendre pour une millième fois le récit de sa mésaventure avec la Bitch! C'est du pareil au même, elle n'a pas pris en considération votre avis ni même les recommandations de quelqu'un d'autre! Vous savez alors ce qu'il vous reste à faire… Quand une personne ne comprend pas, c'est à vous de comprendre!

De la même auteure

Comment interpréter les dessins d'enfants
Se découvrir par les dessins
Que dit la forme de vos chiffres?
Les besoins et les attentes des enfants selon leur tempérament
Attention, il n'y a pas que des manipulateurs!

Table des matières

Achevé d'imprimer au Canada
sur les presses de Imprimerie Lebonfon Inc.